JN065301

子ども時代探検家
高濱正伸の

ステキな大人の秘密

なぜか全員「農学部」編

エッセンシャル出版社

はじめに

この本のサブタイトルが〝なぜか全員「農学部」編〟となっているのは、私が話を聞いた人たち全員が農学部出身だからです。もちろんこの私も。

ここに登場する6人は、たまたま「G1サミット」という次世代のリーダーたちが集う場で出会った方々でもあります。時代を牽引するような知能とビジネスセンスを持った人たちなのに、気立てがよくて変にとがったところがなく、あたりが柔らかくておもしろい。優秀な人にありがちな、「わたしはすごくわかってますよ」「こんなに鋭いこと言ってますよ」という〝キレ者アピール〟もなくて、とても居心地のいい人たちでした。

それはなぜだろうと思いながらいろんな話をするうちに、「えっ、きみも!?」ということがひとつありました。

それが「農学部出身」。

彼らと話をすることで、農学（部）という学問の特長や、今の時代を生き抜くヒントみたいなものが出てくるのではないか。彼らはそれぞれ自分のフィールドを持っているので、カラーのはっきりしたことを言ってくれるのではないか……そんな漠然とした思いからこの企画はスタートしました。

長年、子どもの教育に携わっている者として、「すごい！」と思う人の子ども時代の経験や育った環境など、その人のバックボーンに注目してきました。私の中では、子ども時代に「しっかり遊び切ること」や、「アイデアを出すのが好きなこと」、「これぞと思う出会いを逃さずつかみ取ること」などが大切な要因なのだ、ということはわかっていました。

ただ、それを実践するのがなかなか難しいというのもわかります。今の親御さんたちは、ひとつの遊びを極めるよりも、たくさんのことをやらせてあげたいと思っていますし、遊ぶといっても、おもちゃからゲームから商品は溢れています。そして、遊ばせたいと思いながら、テストの点数も気になるのです。

この企画を進める前から、本書に登場する6人とはいろいろな話をしてきました。その中で、子どもの頃の遊びについて訊いたところ、「遊び切る経験談」がいくつも出てきました。「やっぱり私が大事だと思っていたことは正しかったんだ」そう確信した記憶があります。この本の中では、その「遊び」の部分にもぜひ注目してもらいたいと思います。

6人に共通する特性は、「見えないものを見る力」。

「見えないもの」とは「本質」と言い換えてもいいでしょう。まったく同じような状況を眺めていても、そこから人間の持つ特性や法則性みたいなものが、彼らには見えるということです。

常に本質を求め、本質をつかみ取るための〝補助線〟を引く。これは、計算問題のような正解を追い求める問いからは生まれません。自分の思考と自分の言葉を積み重ねるからこそつかみ取れるものであり、その本質がつかめるから、価値あるものを手に入れられるのです。

私が子どもたちを教えていて思うのは、「ものわかりがいい子どもは伸びない」ということです。それはなぜでしょう?

「わからない」というのは、本人にとってはつらいことです。早く「わかりました」と言いたい。そこでわからないのに「わかりました」と言ってしまったり、わかったふりをしてしまったりする子は伸びないのです。

まわりに合わせることなく、「わかりません」「ピンときません」と言える子、わからないことに辛抱強くこだわれる子、わからないとおもしろくないと思っている子、そういう子は確実に伸びます。

お話を聞いた6人は、「自分が納得しないとおもしろくない」という生き方をしている人たちです。わからないことはわかるまで考える。わかるからおもしろい……そういうふうに生きてきた人たちです。

まわりに合わせるのではなく、自分のペースを持っている。自分のペースをつかみながら生きている。それを感じる人たちなのです。それはまさに、私が子どもたちに持ってほしいと思う感性です。

「興味のあることは何ですか？」と訊かれて、答えられない若者が今は多いと感じます。興味のあることがわからないという背景には、人の評価に合わせすぎていることがあります。他人がどう思うか、他人にどう思われるか、そればかり考えていたら、自分の心の内側を見ることはできません。他人に「いいね」と言われたらいいというのは、自分の本来の興味、関心事ではないはずなのです。

就職するにしても、どんな仕事がしたいのか、どんな働き方をしたいのかがわからなければ、どの会社に入ったところで満たされることはないでしょう。


興味関心を知るためには、「没頭」することです。「絶対これが好き！」「これが楽しい！」と思うことに没頭する経験が必要です。花まる学習会のサマースクールでは、いろいろな体験プログラムを用意しています。

ある日、海辺の宿の前で、私が子どもたちにちょっとだけかしこまった挨拶をしていたときのことです。

たまたま私と子どもたちの間を、てのひら大のカニがササササと横切ったのです。

すると、数人の子は私の話などそっちのけでカニを追いかけ始めました。カニは、宿と空調の室外機の間に逃げたのですが、そのすき間に頭を突っ込んで、もう抜けなくなっている子までいます。それでも、「ここにいる！　ここにいる！」と夢中になっている。この没頭の瞬間にこそ、脳が一番成長するのです。

決してテストで点数が取れる行動ではありません。ですが、脳の力としてはすごく伸びています。本当に集中した状態、好きなもので頭がいっぱいになっている状態、主体的・積極的な気持ちで「これだ！」と言っている状態。子どもの脳にとって、これ以上のことはありません。

好きなことで脳がいっぱいになる経験を何度もしたら、そうじゃないと幸せを感じられない人間になります。そんな脳の状態を自分でわかっていたら、そういうことしかしたくなくなるというもの。自分が本当にやりたいことだけやる。自分のペースでおもしろいことをやっていく。そうして自分にとって意味のある、価値のある日々を過ごしていく。人間にとってこれ以上の幸せがあるでしょうか。

本当に好きなことは、とことん突き詰めたくなります。その結果、社会を変えるような大きな仕事を成し遂げることにつながったら、どんなに素敵なことでしょう！

ここに登場する6人は、まさにそんな人たち。今の子どもたちにもぜひ出会ってもらいたい、〝ステキな大人たち〟なのです。

高濱正伸

CONTENTS

本文イラスト　きか
ブックデザイン　株式会社アクセス

本書は、「高濱ナイト」（高濱正伸氏とゲストスピーカーとのトークセッション、主催：お茶の水教育カレッジ／株式会社EDUPLA）の内容などを基に構成しました。【編集部】

1人目　宮澤弦さん

みやざわ・げん
ヤフー株式会社 取締役 常務執行役員
メディアカンパニー長
1982年、北海道札幌市生まれ。2004年東京大学農学部卒業、株式会社シリウステクノロジーズを創業。2010年8月、ヤフーにより買収後、2014年4月より執行役員（最年少）、検索サービスカンパニー長、メディアカンパニー長就任を経て、2019年10月より現職。

子どものファンになる

高濱さんのことは、以前、飛行機に乗ったときにたまたま機内の映像で観たことがあって、それがめちゃくちゃおもしろくて、いつか直接お会いしたいと思っていました。

そうしたら、あるパーティーで念願がかなった。うれしくて思わず抱きついてしまいました。そうしたら「君は誰だ?」って(笑)。それが最初の出会いです。

簡単に自己紹介をさせていただくと、僕は今37歳で、ヤフーという会社で常務として約2千3百人の部下たちと一緒に働いています。売上が3千3百億円くらいある会社です。

僕のうちは両親がピアニストで、今は姉もそうです。僕の名前は弦楽器の「弦」で、姉は「むじか」といって、ラテン語で「音楽」という意味です。そんな音楽一家に生まれた僕の学歴は、幼稚園中退から始まっています。

幼稚園に行かなかったっていう人は結構いて、映画『君の名は。』や『天気の子』のプロデューサーの川村元気さんは僕の２コ先輩なんですが、やっぱり幼稚園に行かずにずーっと遊んでいたそうです。

僕の場合は、父親が幼稚園を中退させました。父はちょっと変わった人で、高濱さんにも近いところがあるんじゃないかと思っています。

僕が幼稚園の年中になったときに、「もうすぐ義務教育が始まる」と思ったらしいんです。

それで、小学校に入って義務教育が始まったら息子と遊べなくなる。だから幼稚園をやめさせたって言うんです。

5歳の息子と遊びたいために幼稚園をやめさせたんだ。へぇ～

ピアニストは自営業なので、時間の融通はきくんです。地元が北海道なので、牧場に行ったり、木工でピアノの模型を作ったり、恐竜を作ったり……。

父のその決断ですけど、自分に置き換えたらなかなかできないことだと思います。だって、まわりにそんな子どもはいないし、前例がないんですから。もしかしたら、育児として大失敗に終わるかもしれない。

そういう意味では勇気ある決断だったと思います。

都会のお父さん、お母さんにはその決断はなかなかできない。お父さんのおおらかさと、弦ちゃんへのまっすぐな愛情を感じます！

それに、勉強に関しても父は理解がありました。僕はもともと数学が好きだったんです。それで、勉強でもなんでもそうなんですけれど、ある時期、まとまった時間をかけて、のめり込みたいときってあるじゃないですか。自分なりに深堀りして、そればっかりやりたいっていうか……。

中学生のとき、学校から帰ってきてからの時間はコマ切れだし、その中でいろんな科目を勉強しなくちゃいけないのがもったいないと思って、ある日、「今日は一日中数学がやりたい」って父親に言ったんです。学校に行くより、家で数学だけやりたいと。でも、さぼりたいわけじゃないって。

そうしたら、「おお、それは絶対数学やるべきだ！」って、**すぐ学校に電話してくれました。「今日、うちの子休みますから」って。**

すごいね、その判断力。それと子どもへの協力。簡単そうに思えるけど、なかなかできることじゃないですよ！

大学受験は、私立のすべり止めを複数受けずに国立ねらいで、しかも北海道から東京に行くという選択をしました。親には、「東大に落ちたら浪人する。また1年よろしくね」って言ったんです。

そうしたら父は、「なに!? 東京に行っちゃうと思っていたら、もう1年一緒に暮らせるのか。なんてすばらしい。ぜひ浪人してくれ!」みたいになったんですよ(笑)。

いやいや、さすがにそれは、と思って、逆に最後のラストスパートはめっちゃ勉強しました。ある意味、気合が入ったというか。

父のような無制限の愛情って、僕も自分の子どもにしたいなと思うんですよ。「愛情は無制限、無条件」というのがいいと。

講演会でよく言うんだけど、愛が欠落している人は愛をもらうことに必死。逆にイヤってほど愛を受けた人は「ギブする(与える)」ことができる!

結局、それが足りないと、大人になってSNSで「いいね！」を欲しがったり、承認欲求のかたまりだったりするんだと思うんです。たまにSNSでそういう投稿を目にすると、小さいときに溢れるような愛情をもらえなかったのかなぁと思ったりしています。

両親からよく言われたのは、「きみにお金を使っているのは、教育投資ではなく、教育消費なんだ」ということ。どういうことかと言うと、喜んで消費しているだけで、投資じゃないから、その分返せとは一切思わないということなんですね。あと、もうひとつ言われていたのは、「きみのファンなんだ」ということ。

「いいときも悪いときもファンだから、きみがどうなったってファンだよ」と、よく言われました。

素敵な両親だなあ〜。心から言っているのがよくわかる。それが弦ちゃんの人間性を支える原点なんだね。

「また会いたい人」になる!

僕は、これからの大人で大事なのは、話がおもしろい人であり、思いやりがある人だと思う。

この両方が揃うと、「また会いたい人」になると思うんです。

これは深イイ話ですよ、みなさん!

話がおもしろいというのは、頭がいいっていうことです。しかも、場の空気が読めないと話っておもしろくならないんですね。

僕のいるヤフーはソフトバンクグループなんですけど、ソフトバンクに「ペッパー」っていうロボットがいるでしょ。このペッパーにおもしろいことを言わせようと思って、吉本興業さんにプロデュースしてもらって、漫才ができるソフトをインストールしたんです。でも、期待したほどにはおもしろくならない。３年も４年もかけてやってるんですけど、やはり人工的におもしろさを作るのがいかに難しいかがよくわかりました。

結局、ペッパーが一番おもしろかったのは、プログラムがバグったときの会話でした（笑）。

つまり、おもしろさは人間の最高の知性と言えるかもしれないということ。

確かに。人間関係において「おもしろい」というのは重要な要素です。

だから、いくらＡＩが進んだとしても、話がおもしろい人は重要だと、僕は思っています。

そしてもうひとつが、思いやりのある人。いろんな方と付き合っていく中で、やっぱり人に対する思いやりのある人には、また会いたいなと素直に思えるんです。

AＩが進化して、いろいろな仕事をこなすようになると、私たち人間が働く時間は減る可能性が高い。そうなると、人に会う時間も減る。でも、人はひとりでは生きていけないですから、そういうときに誰に会いたいかって考えたときに、それは「おもしろくて思いやりのある人」なんじゃないかと思うんですね。

誰かに会いたいなと思ったときに、頭に思い浮かべてもらえる人になることができれば、AＩ時代でも仕事に恵まれるんじゃないかな。

孫（正義）さんがよくおっしゃることなんですが、AＩ時代においても大切なことは、直接フェイス・トゥ・フェイスで人と会って話をすること、

その分野のスペシャリストと会って話すことが大事だと。

その分野でとがった人、エッジの効いた人は、宝物のような言葉を持っていることが多い。子どものうちから、そういう大人に会わせてあげるのは、親にできる大事な教育です。

じつは、僕にとってはまさに高濱さんがそういう人なんです。自分の子でも他人の子でも分け隔てなくめちゃくちゃ愛していて、もう圧倒的な思いやりとおもしろさがある。こういう人が増えると、もっといい社会になるんじゃないかな。

イジメっ子を黙らせた必殺技！

このまえ、堀江（貴文）さんと高濱さんが対談したときに、堀江さんが、子どものころ、よく穴を掘っていたって言っていたのですが、

じつは僕も穴を掘ってました。

なんだろうね、男子は穴を掘るよ。女子で穴に向かう人はあんまり見たことない。「少年あるある」で言うと、子どもたちを野外に連れていくと、少年は必ず棒切れを持つ！

僕も堀江さんと同じで、基地を作ろうと思って掘っていたんです。中学は男子校だったんですけど、体育祭とかつまらないんです。先輩の走っている姿を見ながら、「下級生は応援しろ！」って言われる。そんなこと言われてもね……。

「絶対、穴掘ったほうがおもしろいよ」っていうことになって、北海道だから学校も広大な敷地があって、山とかいっぱいあるわけです。

それで友だちと、「地下に秘密基地掘ろうぜ」ってことになって、はじめに縦に掘って、次に横に掘ってなんてやってたら、すぐにばれて怒られた。

だって、スクールバスにものすごい大きいスコップとか持って乗ってるわけですよ、僕ら。「あいつら何しようとしてんだ」って（笑）。でもロマンがあるんですよね、秘密基地には！

そんなでしたから、結果的に中高時代は、うちの母親はしょっちゅう学校に呼び出されてました。

「どうして宮澤さんちの子は学校に来て穴を掘るんですか」って（笑）。

母は、「お恥ずかしい限りで、すみません」と平謝りでしたが、僕は「そこにロマンがあるからだよ」と開き直っていました。

でも、それが理由で母に怒られたりはしなかったですね。

それを認めるお母さんもすごいよね。

ただ、テレビゲームはあまりやらせてもらえませんでした。逆に外遊びは多かった。北海道なんで、雪が降ったらかまくら作ったり、雪合戦したり。雪だるまなんて何体作ったかわからないくらいです。

あとは、崖みたいなところを登ったり、自然の中で野イチゴを食べたりしてました。熊に遭うことはなかったけど、毒ヘビはいましたよ。幸い僕は咬まれなかったけど何度も見ました。

それと、しょっちゅう来るのがキタキツネ。学園祭をやると、キタキツネがごみを食べにくるんです。だからクラスにひとり「キツネ係」っていうのがいて、ゴミの前でキタキツネが荒らさないように見張ってました。これ、札幌市内の話です。

こんなふうに学校生活を満喫していましたけど、小学校の頃は、公立だし、いろんな家庭の子がいたので、それなりにイジメはありました。順繰りで自分のところにくることもあって、「ああ、こういうふうに順番にくるんだなあ」と思いました。

僕は、イジメたくなる感じだったと思うんです。うちがピアニストの家庭だったので、小学校のときは短パン履いて白シャツ着て、サスペンダーして学校に行ってたし、頭はマッシュルームカットだったし（笑）。毎日がピアノの発表会みたいな感じだったから、イジメのサイクルに入るときはありました。

姉が4つ上なんですけど、姉の同級生の男の子たちにイジメられたんです。「きのこヘアー」って言われて。体格でいったら絶対に勝てないから、そこで僕は頭を使って、先生に手紙を書くことにしたんです。

僕の担任ではなくて、その男の子たちの担任の先生にです。

なるほど考えたね。イジメられたら相手の先生に手紙を書く。必殺技だよ。

「こういう男の子たちがこういうことをしてくるのは、もう耐えられません」と書いた。そしたら、その男の子たち死ぬほど怒られてました（笑）。一撃必殺ってこのことだなと思いました。それで全員で謝りにきたんですよ。小学1年生の僕のところに。

正面切って戦っても敵わない。姉に言ってもトンチンカンだし（笑）。

だから現状を打破するためにはどうしたらいいかを真剣に考えたらそうなりました。

あきらかに力で勝てないなら何で勝つか。必ず方法はある。
それを考えるのが生き抜く知恵です。

考えに考えて考え抜く「解答なし勉強法」

僕はピアニストの家で育ったわけですが、当然僕もピアノはやっていました。でも、やってて嫌いになったんです。

まったくピアノの才能には恵まれなかったし、100人くらいの発表会で、ものすごく緊張してたし。今では何千人も来る株主総会でも全然平気なんですけどね。

ピアノをやめることについては、両親からまったく反対されませんでした。家族全員音楽でメシを食ってるのに、長男の僕だけやめるって言っても、まったくとめられなかった。

その理由はとてもシンプルで、音楽は「音を楽しむ」と書くでしょ。

「楽しくない人の音は聞きたくないから、イヤなら絶対にやるべきではない」というのが両親の考えだったからです。

本人が楽しいかどうか、本人がやりたいかどうか。そこにすべてが収斂（しゅうれん）していく考え方が一貫していて素晴らしいです。

両親と姉は音楽が楽しくてしょうがない。「これこそわが人生！」と思ってやっている。だから、どんなにつらいことがあってもできる。でも、好きではないものを一生の仕事にしたら不幸だから、音楽なんてやめたほうがいいと。

でも、一般的にはそういう状況だとなかなかやめられないと思います。

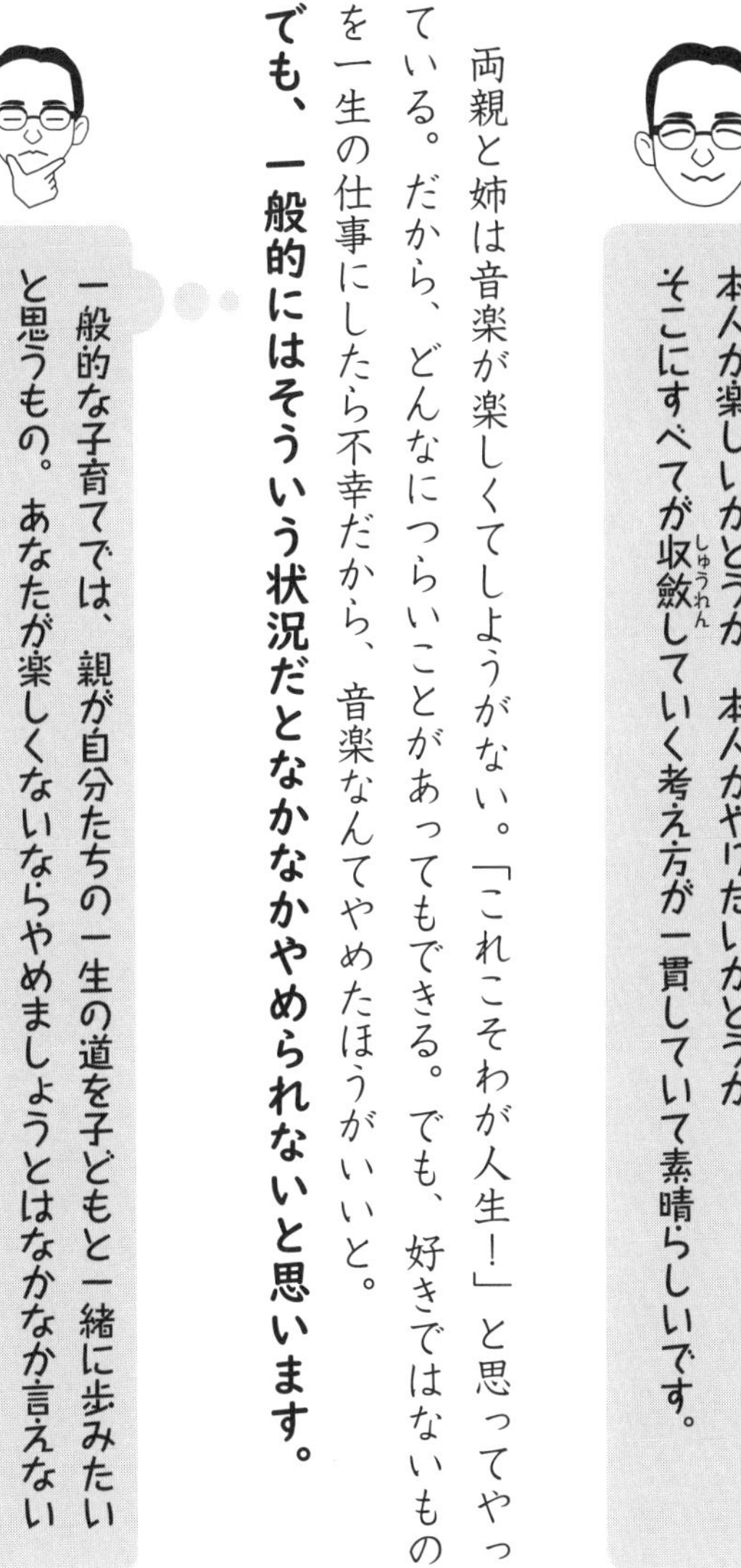

一般的な子育てでは、親が自分たちの一生の道を子どもと一緒に歩みたいと思うもの。あなたが楽しくないならやめましょうとはなかなか言えないよね。

地方のお医者さんの家とかだと、そういう傾向が強いと思うんです。医者の子どもは医者になるっていう。でも、子どもが「イヤ」と言ったら、そのときに親はどう応えるべきなのか……。

うちは、僕が起業するって言っても全然反対はありませんでした。「画家じゃなければいい」っていう、謎の励ましをもらいましたけど（笑）。

勉強の話に戻ると、小学校に入ってから勉強は結構得意でした。割と成績もよくて。塾には、小学校の4年生くらいまで知能教室みたいなところに通ってました。いわゆる勉強の塾とは違うところです。

たとえば、絵本があって、左のページに絵があって右が真っ白で文字が書いていない。それで、「あなたはこの絵を見てどういう物語を書きますか？」って考えるんです。

その教室は、僕がピアノを小4でやめたから、「何か頭によさそうなことを」と思って母が探してきたみたいです。今になっても覚えているのですから、幼心にいいなと思ってたんでしょうね。

犬が夕日に向かって一匹でぽつーんといる後姿の絵がある。

これについてどんな物語が書けるか。

私が作ろうと思っている教材がまさにこれ！　この絵の中に何が見えるかを言語化する訓練はすごく大切。見えないものを見る力を養い、自己と他者が違うことを教えてくれるし、魅力的な語り方をすることの意義を教えてくれるなど、教育の本質がいっぱい詰まっている。同じものを見てもその本質が見える人と見えない人がいて、本質が見えることが「頭のよさ」の核心です。

クラスに10人くらい生徒がいるんですけど、みんな違うストーリーになるんです。後姿だから表情は見えないけれど、ものすごく犬が喜んでいるストーリーの子もいれば、ものすごく悲しいストーリーの子もいる。そんなふうに、みんなが見ているものが違っていて、それを読み合わせるのがすごくおもしろかった。

なかには、「こいつ天才じゃないか!?」っていう子もいました。こんな一枚の絵から、そんなに想像力が湧くんだってびっくりしました。


ほかに勉強で記憶に残っているのは、じつは自分で一番伸びたと思う勉強法があって、名付けて「解答なし勉強法」。

これは何かと言うと、問題集を買ったら、解答を学校の先生に渡すんです。そうすると、解答のない問題集になる。だから、難しい問題でも考えに考えないといけない。答えを渡しちゃったから、チラッとでも見られないんです。

それで、自分で考える力がついたのかなと……。これを中学3年くらいから高校までずっとやっていました。

この方法のいいところは、学校の先生が家庭教師みたいになることなんです。先生が解答を持っているから、解いたら必ず持っていく。それで、これは合っているけど、これは違うねと。「何でですか?」と質問しながら、マンツーマンの授業になるんですね。結局、

高3まで塾に行かずにやれたのは、この「解答なし勉強法」のおかげです。

また名言が出たね。これを読んだお母さんたち、みんな問題集から解答取っちゃうでしょ！

問題集だけの、すごく安上がりな勉強でした（笑）。

仕事でも人生でも、ペロッとめくれば答えがわかるなんてこと、ないじゃないですか。ずーっと自分で考えながら、いろんなことを観察していると、気づくことがいっぱいあるんです。

どうしてこうなっているんだろうとか、どうしてこんなに非効率なものがあるんだろうとか。

そういうことをノートに書くっていうことをずっとやっていました。

それ、私もやってます。社会のひずみや不便を見つけて、そこに仕事を見つけるという。

起業ってそういうことだと思うんです。世の中の不便を感じようとか、非効率なものを探してみようとか、それがきっかけになる。子どもたちの目と感性でそういう問題をリストアップして、それをもとに先生が新しい技術を作る――そういう教育もいいかもしれませんね。

デリバリーのウーバーイーツとか、民泊のAirbnbとか、今何兆円という企業になってますけど、もともとは、

「なんか使ってない家、多くない？」というところからスタートしています。

「だったらどうする?」と発想する力。さっきの一枚の絵から物語を作ることでも鍛えられるし、日常の不便や非効率を見つけることでも磨かれる。

車だって、「使っているのは時間にしてたった4%、96%は駐車場の中で眠っているだけだ、それにしてもタクシー待ちの行列がすごいね」、というところが原点になってカーシェアにつながっているわけですからね。

土作りの経験が経営の土台に

今回、高濱さんに声をかけていただいたんですけど、僕を含めて、登場する人たちは全員が農学部出身なんですね。高濱さん曰く、みんな違う職業だし、しかも個性的だから、一見すると共通点がなさそうなのに、訊いてみたらみんな農学部で、ギスギスしていなくてあったかい人ばかりだと。確かにギスギスはしていないですね。あとは忍耐強いというんでしょうか、農学部って生き物を相手にするからかもしれません。

植物は急に枯れたりするし、台風で全滅するとかもよく起こる。だから、「なんでも計算通りにはいかないぞ」っていうのが身についているような気がします。

東大は2年生までが教養課程で、3〜4年で専門課程になります。専門課程に行くと実験が中心なので、植物を育てないといけない。3年生と4年生のときは、**毎朝研究室に行って、博士課程の先輩たちのために土を作るんです。**

地味で地道な作業だね。

植物を育てるための土には、最適なバランスがあります。何をどのくらい入れるとか、消石灰をどのくらい入れるとか……。白いのが固まっていたりするとダメで、きれいに混ぜ合わせないとやり直しさせられる。だから、寿司職人が酢飯を作るように、ずーっとそれをやってました。

僕は生物システム工学の専攻だったので、植物を研究対象にしていたんですが、ふと、「なんで東大に来て毎日こんなことやっているんだろう」って思ってました（笑）。

でも、その土作りの考え方は今の仕事に活かされているんです。土というのは、肥料をあげて化学薬品を投与すれば、見てくれはよく作ることができるんです。でも、一時的によくなるものっていうのは、長続きしない。土がダメになったら何も作ることができなくなるから。

逆に土をよくすれば根も張るし、根がしっかり張れば風雪に耐えていいものが育つ。

太陽も雨も人間は自然からもらいっぱなしで返すことはない。でも、土は作るものなんですね。つまり、物が育つ土壌、土台は人間が作る。これは人間社会にとっても意味のあるテーマです。

1年目の収穫はよくなくても、よい土を作れば、3年目、5年目と生産量が上がるんですね。それは経営も同じだと思うんです。

すごくいい経歴を持っていて、ひとりで10人分くらい仕事しますという人が来ても、会社の土壌がしっかりしていなかったら、結局はあまり活躍ができません。かろうじてその年はよかったとしても、翌年には……ということがあるんです。

毎日土を触っていると、そういう発想になる。だから、農学部でよかったなと思っています。人生で土をいじることなんて、そうそうはないことですしね。パソコンやゲームばっかり見ていたら、また違う発想になっていたかもしれません。

つらいときに頑張れば信頼度が上がる

最初に起業した会社が、買収されてヤフーのグループに入ったとき、会社の取締役会にヤフーの役員がやってきて、「宮澤さん、何かひとことどうぞ」って言われた。そこで僕が言ったことは、「飼い殺しにだけはしないでほしい」ということでした。

若くして起業した会社を買収されて、親会社と合わなくて辞めちゃった人や、飼い殺しにされてふてくされちゃう起業家をいっぱい見てきたからです。

だから、そういうのはやめてほしい、自分はまだ若いし、働きたいと言いました。

そうしたら、「わかった」って言われて、１ヵ月後には一番きついプロジェクトに突っ込まれました（笑）。

僕は昔から、「困難から学ぶことのほうが多い」という考え方をしていて、

「成長は百難隠す」という名言がありますけど、百難を隠しちゃダメでしょ、と思うんです。

重いひとことです。

どういうことかと言うと、ベンチャーは成長志向なので、成長するとテンションが上がる。すると、問題点が見えなくなって経営がしやすくなるんです。でも、勢いが止まったときが恐い。それまで見えなかった百難が一気に全部噴き出してくるわけですから。

だから常に、「これも問題だぞ」「あれもあるぞ」とか、「こうやってみたけどやっぱりうまくいかないな。原因は何なのだろう？」と考える、というふうに、課題と向き合い続けるんです。そのほうが、あとから考えたときに自分自身が成長したと思えるんですね。

たとえば、百難あるときに人を励ますのは大変です。イケイケでうまくいっているときには、「ついてこい！」って言われたら、誰でも「ついていきます！」って言えます。でも、百難あるときに「ついてこい」って言われても、それは厳しく険しい道だとわかるわけです。

でも、そういうときでも、

リーダーとしては、「いやいや、大丈夫だ！」とか言わないといけない。

リーダーシップの真髄（しんずい）ですね。百難あっても人についてこさせるという。

人についてきてもらうために、いろんなやりとりをしないといけないんです。それは大変なことですけれど、そういうときのほうが、リーダーシップひとつとっても自分が学ぶチャンスに溢れていると思うんです。

僕は部外者としてヤフーという大きい組織に入っているので、向こうからしたら、最初は「きみはどこの誰？」という感じです。そういう立場だからこそ、誰もやりたがらないことを率先してやる。困難を選ぶ。そのこと自体が信頼につながっていきます。だから意識してやっていました。

理不尽から学ぶ

僕は幼稚園を中退してるわけですが、うちの子どもも、そろそろそういう時期なんです。中退ということではなく、「子どもと遊ぶ」という意味ですよ（笑）。

でも、父と同じように、僕が会社を辞めて子どもと遊ぶのかって言われたら、「やることあるしなぁ〜」と考えてしまいます。もちろん、人生は何度でもやり直しが利くとは思っていますし、

子どもにとっての「今しかないこの瞬間が大事」と思うところもあるし、考えてしまいますね。

その地位にまで昇りつめて、そこで子どものために会社を辞めるとしたらすごいね。まあ、どちらも道。どういう決断をするのか楽しみです。

今4歳で、そろそろ都内ではお受験モードに入る感じもあるし、それがちょっと苦手な僕としては、そろそろタイムリミットなのかなと。

僕自身が自然のあるところで育ったので、自然のある学校に行かせたいという思いはあります。自然の中で学んだことがいっぱいあるから。

理不尽なんですよね、自然って。北海道では、親に言われて雪かきをやりました。ひーこらひーこら言いながら、「終わった！」って言って、翌朝起きたらドアが開かないほど積もっている。もう、なんて理不尽なんだと（笑）。昨日やったことは何だったんだっていうのが日々起こる。

でも、その理不尽さがいいと思うんです。

サマースクールで野外合宿に行くと、全日雨とかある。
でも、それでいいんだよね。

それは、都会にいるとなかなかできないことだと思います。

ゲームなんかはすべてプログラムされているから、理に適わないことは起きませ

ん。飼っていたメダカが全部雨で流されちゃったなんて、ゲームではないですから
ね。ああ、こんなに大事にしてたのにって。

そういう経験を積むことで得られることがたくさんあると思っているんです。

大事にしていたから大丈夫、ではない理不尽さ。
それは社会に出たらイヤっていうほど味わうことです。

それって、農学部で土をいじることにも通じるところがありますね。

なんでスコップ？

お母さんお父さんたちにとっては、自分の子どもを「また会いたい人」に育てるにはどうすればいいか、というのが弦ちゃんの話のポイントだと思います。

たとえば、子どものイタズラにしても、「こんなことしちゃおう」とか、「よし、こうしてやる」っていうのは子どもが主体的に行動している証拠なんです。イタズラしたら怒られるんだけど、でも子どもにとってはおもしろい。それに、イタズラっ子のほうが圧倒的にモテる。それは輝いているから。

今の教育にそういうものはないんです。でも、そこで「仕掛ける目」がある人はおもしろい。「今みんながこっち見てるから、反対側にイタズラを仕掛けちゃおう」って、パッと感じてすぐに動ける人。その感性がおもしろさだし、それが人間的な魅力につながるんですね。

「農学部だから」、というわけではないかもしれませんが、どこかで通じている気がします。

2人目　岡田光信さん

おかだ・みつのぶ

株式会社アストロスケールホールディングス創業者兼CEO。1973年、兵庫県神戸市生まれ。東京大学農学部卒業。米国パデュー大学クラナートMBA修了。大蔵省（現財務省）主計局、マッキンゼー・アンド・カンパニー、IT企業等を経て2013年5月にアストロスケールを創業、宇宙ゴミの除去に取り組む。英国王立航空協会フェロー。国際宇宙連盟委員。世界経済フォーラム宇宙評議会共同議長。

母からもらった科学への興味

私の出身地は神戸です。東京に比べれば田舎ですが、政令指定都市ですし、比較的都会のほうですね。地元は神戸でも山のほうだったので、探検ごっこみたいなことをよくやって遊んでいました。小さいポシェットみたいなものに武器とか入れて、山の奥に行ったりしてました。何人かで探検するのだけれど、**石にひもを巻きつけて、その先に棒をつけてブンブン振り回したりして遊んでました。**

ほらね、やっぱり男子は棒切れを持つ！（笑）

それで「動物が来てもやっつけられる！」とか言ってましたよ（笑）。

小さい頃は運動が苦手な子どもでした。鉄棒の逆上がりができたのは、クラスでも最後の最後でしたし、学年のランニングでも、いつもビリかブービー賞といった感じでした。

小学校6年生までは巨漢だったので、走る姿を見ていつも「戦車が走ってる」と言われてました。学年運動会っていうのがあって、種目別で一番しんどいのが1500メートル走。誰も出たがらないんです。そうするとクラスのみんなが、「ホーレ！お・か・だ！　お・か・だ！」ってイジメ始める。僕がデブだから。

そうすると先生が、「岡田くん、いいのかい？」って言って、僕が「……はい」って答えると、クラスが「イエーイ！」みたいな……。

運動でそれはなかなかツライものがありましたね（涙）。

当時はイジメっていう概念がハイライトされていなかった時代なんですよね。そういうタイプだったので、クラスではウケをねらおうと思ったり、話を大きくしてみたり、なんとか自分の存在感を示そうとしていましたね。でも、小学校時代には人に誇れるようなものは何もありませんでした。

今でも覚えているんですけれど、幼稚園を卒園するときに先生にこう言われたんです。

「3年間幼稚園に通っていると、どの子でもどこかキラリと光るものを見つけることができるのだけれど、岡田くんの場合は……うん、きっと小学校で見つかると思うな。持久力はとってもあるし」って（笑）。

母も横でそれを聞いていたのですが、「持久力がある」って言われたことだけは覚えているようです（笑）。

ただ、それを聞いて私も母も別に落ち込んだりはしませんでした。

幼稚園くらいの子を持つお母さんで、「うちの子はこれっていうものがないんです」と心配している人は多いです。岡田さんのところは、本人もお母さんも心配してなかった。子どものありのままをお母さんが受け止めている。ありのままを受け止めることで子どもは自分に自信が持てるし、自信が持てたらまた頑張っていけるんです。

結局、小学校でもキラリとしたところは見つからなかった感じですね。うちの母の話をもう少しすると、「科学の力」というものを信じている人だったと思うんです。理系の人ではないのだけれど、科学雑誌の『Newton（ニュートン）』を創刊号からずーっと取っていました。私は１９７３年生まれなので、小学校低学年の頃からだったかな（※創刊は１９８１年）。

私のためだったのか、自分が読みたかったからなのかはわからないのですが、母は、「神様も信じているし、神様に近づこうとする人間の力も信じている。その力こそが科学だと思っている」と言っていましたね。

1981年に神戸でポートピア博があり、それには散々行きました。私が小学6年生の頃には、つくばの科学万博「つくばエクスポ」にも連れて行ってもらいました。とにかく、

子どもの頃に最先端の科学に触れる機会をずいぶんもらっていました。

お母さんは科学の功績というものに好意的だった。
それがお母さんの教育だったんですね。おもしろい!

今思うと、とてもありがたかったです。つくば万博では、富士通のパビリオンが印象に残っています。青と赤の眼鏡をかけると、3Dのコンピュータグラフィッ

クスの映像が見えた。バーチャルな映像が飛んでくるんです。今では当たり前になっていますが、当時はそれがすごくおもしろかった。

そうした経験が今につながっているのでしょう。私は科学の道に進み、スペースデブリ（宇宙ゴミ）の除去を仕事にしようとしているわけですからね。

最近は新聞や雑誌、テレビなどに取り上げられる機会が増え、そうした記事などが出るたびに母は喜んでくれています。

今となっては自慢の息子でしょう！

原因不明!?　なぜいつも間違うのか

私は中学受験組です。1973年の3月生まれですから、まさにベビーブームのときの子どもで、今は出生数が100万人を切っていますが、私の世代は209万人くらいいたんです。まわりを見てみると、神戸だったせいもあるかもしれませんが、中学受験をする人が多くて、そんな友だちを見ていたから受験するのは普通なんだと思っていました。

塾に行ったのは確か小学校5年からだったと思います。うちの母親は、いわゆる教育ママのようなところはまったくなくて、むしろその逆。

「勉強しなさい！」と言われた記憶がないんです。

これ、社会で大活躍している人に本当に共通することです。

ただ「復習は大事だよ」と言われたことは覚えています。

塾では特にできるほうではありませんでした。賢い友だちを見ながら、勉強の仕方をよく真似していましたね。あまりに自分の成績が上がらないので、ノートの取り方を真似したんです。ノートって、取ったあとに読み返せるものと読み返せないものがあると思うんです。

私のノートはただの走り書きで、まとまっていないんですね。

これもみんなに勇気をくれますよね。今や世界で活躍する人でもノートがきちんと取れないという（笑）。

その友だちのノートは、先生の話を聞きながら構造化して書いてあるんですよ。それがすごいなと思って。

できる人って、ページの左上からノートを取らないんですね。突然右のページに書いたりする。それは話の構造を記録するイメージがちゃんとあるからなんです。

一方の私は、左上から右下に順番に書くだけなので最後はぐちゃぐちゃ。今でもそんな感じですよ。

とにかく国語ができなかった。どうしてできなかったのかわからないんですけど、文章問題で、ある箇所に下線が引いてあって、「この意味で正しいものを選びなさい」っていう問題の正解がいつも私の答えと違うんです。

「○○さんは何と思っているでしょうか」みたいな、登場人物の気持ちを問う問題などですが、とにかくできない。

教育における立派な研究対象ですね（笑）。

これがトラウマみたいになってて、日本語は読めるはずなのにどうしてなんだろうって。それは大学受験のセンター試験までひきずっていましたね。国語以外は満点なんですけど、国語だけ200点満点中150点くらいで、文章題の「正しい意味はどれか？」が全部外れてるんです。今は国語の試験がないのでそういう劣等感はないですけど（笑）。

でも不思議です。私は結構本も読んでいたし、東大の小論文の模擬試験ではいつも満点だった。採点官が、「こういう文章を待っていた！」っていうくらい満点なのに、「ア～オの中から選びなさい」という問題だけなぜか間違える。自分でもよくわからないんですけど、**たぶん文章を読みながら全然違うことを考えているんだと思います。**

イメージが豊富だからいろいろと湧いてきちゃうんだね。小説家とか、アウトプットする側に回ったほうがいいのかも。

人生が変わった出来事

中学受験に合格して甲陽学院に入学した私は、テニス部に入りました。小学校のときは運動がぜんぜんダメだったのですが、中学に入ってからはどんどん痩せていって、中学3年のときにはテニスの団体戦で全国大会に行ったんです。それで自己肯定感がグンと上がりましたね、ホントに。ただし、**テニスをやりすぎて勉強がボロボロになった。180人中165番とかだったんです。**

ああ、真面目な性格がそっちに出ちゃったんだ。常に何かで親を悲しませる子どもだったんですね（笑）。

なかでも英語の点数がひどくて、授業中もテニスのことばっかり考えてたから、文法の授業とか全然聞いてなかったんですね。それが突如として変身するきっかけがあったんです。

中高一貫校だったのでそのまま高校に行って、その１年生の夏のことです。ＮＡＳＡのスペースキャンプに行きました。

ここでさっきの話につながるんですけど、雑誌『Newton』に「ＮＡＳＡのスペースキャンプに参加できます」って書いてあるのを見つけた。それまでずっと雑誌を取り続けていたんですよ。それで夏にアメリカに行かせてもらったら、そこで人生が変わりました。


当時のＮＡＳＡで、日本人初の宇宙飛行士だった毛利衛(もうりまもる)さんにお会いしたんです。私が行ったのは１９８８年なのですが、86年にチャレンジャー号の事故があって、スペースシャトルの打ち上げが延期になっていたときでした。

毛利さんは微小重力実験の研究をされていたのですが、そういうことがあって、お忙しい仕事の合間に時間を作ってくださったんだと思います。そのときに、「岡田光信君　宇宙は君達の活躍するところ」という手書きのメッセージとサインをもらったんです。

さらに、ＮＡＳＡのエンジニアにも会ったんですけど、

とにかくカッコいいんですよ！

青年期には「カッコいい」というのが大きな価値。

右手に分厚いバインダー、左手にコーラを持っているみたいな感じで、もう何て言うか電撃が走りました。

それで「これだ！」と思って、めちゃくちゃ勉強しようと決めたんです。そこからは本当に寝ずに勉強しました。

そこでスイッチが入ったんだ。ただ勉強するんじゃなく、目指すべき姿、憧れの姿に向けて努力するという意志が生まれた。そうなったら強い！

高3の4月に全国模試があったんですけど全国1位でした。5教科の偏差値が89みたいな……。代ゼミとか駿台の東大模試では3位より下になったことはありません。だから高3でやることがなくなってしまって、ひとりで日本史とか大学院の数学とかをやってましたよ。

とにかく、NASAのスペースキャンプが私を変えてくれた。特に中高生の男子って、思考様式や行動様式に仕組みを与えないと、ボロボロになっていくんですね。**変に自分を大きく見せたり、ツッパることがカッコいいと思ったり、斜に構えるのがいいとか。**

男子って不良貴族集団になってしまったら、そのままどこまでも突っ走ってしまうからね。

そんな時期だった私に、正面に向かって努力することがいかにカッコいいかを教えてくれたのが、毛利さんとNASAのエンジニアでした。思考や行動のストラクチャー、いわば生きる道しるべを与えてくださったんです。

今思うと、当時僕が会ったときの毛利さんが40歳なんです。40歳の毛利さんが15歳の私に震えるような言葉をくださった。今度は私が次の世代にそういう言葉を伝えていかなければいけないなと思うし、

そういう役割を果たせたらなと思っています。

岡田さんは、もうそういう存在になっているんじゃないかな。

あらゆるものは「間」にあるという考え方

大学受験では東大の農学部を志望しました。そのときにも、もちろんスペースキャ

ンプでの経験が活かされています。じつはＮＡＳＡで、「宇宙飛行士という職業はないんだよ」と言われたんです。専門がないと宇宙飛行士にはなれないということを知ったんですね。

それで、私は高校のときに酸性雨調査とか割り箸の撤廃とか、あの頃は一番熱い分野だったんですけど、そんなことをやっていたので、もっと本格的に生態学、具体的にはエコロジーや環境問題をやりたいと思って農学部に進むことにしました。

ただ、環境問題をやりたいという気持ちはあったけれども、じゃあ、どんな切り口でやるかといえば、正直言ってわかりませんでした。いろいろな本も読んでみましたが、それでもよくわからなかった。でも理系だろうと。

農学部以外にも、理学部や工学部といった選択肢もありましたが、そちらは**すごく狭い世界を極めていくというか、「これだ！」と決めたところを深掘りするイメージが自分にはあった。**

その感覚はすごくわかります。理学部や工学部は、千年後にも変わらない真理みたいなものを突き詰めていく感じがあります。農学部ってもっとフレキシブルで応用的ですよね。

そこにどれだけ自分が情熱を傾けられるか、自信がなかった感じです。

理系はみんな技術が好きで、理学と工学はどちらかというと理論を構築した上に技術を作っていく感じなのに対して、農学は経験的な技術っていう感じでしょうか。そこに違いがあります。

理系の学問って、○か×か、みたいに白黒をはっきりさせるところがあるじゃないですか。ところが、農学部にはこっちが善でこっちが悪、みたいな二元論がないんです。善と悪を分けて考えるのではなく、あらゆるものは善と悪の間にあるという考えなんです。

たとえば、理学部の人が、ある草の細胞の中で起きていることを見つけたときには、いろんな理論の展開があると思うんです。でも、農学ってそんなにシンプルにはいかなくて、いつも植物の研究している人だったら、細胞だけじゃなくて、土の循環や水の循環、空気の循環を考える頭になるんですね、もう勝手に。つまり、**農学の人は常に「大きな秩序」というものがあると思っていて、それを前提にしていると思うんです。**

ホントにそう！「大きな秩序を見る農学部」をタイトルにしたいくらいです（笑）。

私も会社ではイノベーティブだとか破壊的だとか言われていて、確かに傍（はた）から見たらイノベーティブで革新的なことをやっているわけですけれど、私としては、大きな秩序の中でそれをやっているという感じなんです。

宇宙のことをやっている人の中には、電気工学の専門家やシステムエンジニア、天文学の人もいます。

でも、どうして宇宙のゴミ問題をおかしいと思わないのか不思議に思うんです。

それ単体の課題として見ているのではなく、宇宙にゴミが浮遊したままだったらサスティナブルじゃないじゃん！っていうことです。

私からすると、当たり前におかしいから、当たり前にビジネスになると思うのですけれども、きっとこの感覚が農学部なんですよね。

紆余曲折の末、わが道を行く

私は、「農学部 林学科 森林動物学専攻」で、動物の種の分化がいつ行なわれたのか、生態学的に突き詰める手法の研究をしていました。研究対象は「昆虫」です。昆虫は種が分化すると形質が変わります。それがなぜ起きるのかをフィールドワークで研究するという学問です。ただし、あまりにもパラメーター（変容を起こす媒介物）が多すぎて時間がかかりすぎる。そこで遺伝学という方法を取り入れることにしました。

ところが、当時の東大には遺伝学がなかった。そこで、お茶の水女子大に遺伝学会の会長がいらしたので、1年間はお茶の水女子大に通って研究していました。

その研究はすごくおもしろかったんです。ただ、それでもものすごく時間がかかる。それに、生態系の種の分化を突きとめたとしても、日々起きている環境問題へのアプローチに対しては間接的なんですね。つまり、この研究では直接アプローチして何かを変えたり解決したりすることはできないんです。そこで、ポリシー（政策）を立てる側に行かなければダメだと考えました。

この発想自体は、大学4年生の卒業前、1995年1月に発生した阪神淡路大震災のときにさかのぼります。じつは震災があったとき、神戸の実家からの仕送りが止まりました。当時は仕送りと奨学金とアルバイトで生活をしていたのですが、仕送りがなくなったときに、「うかうかしてはいられないぞ！　ずっとアカデミアでいてはいけない！」という思いが湧いてきたんです。それで、大学院に進んだ年の夏に、

「そうだ、公務員になろう！」と思いました。

「そうだ京都に行こう」みたいだけど（笑）、そんなに簡単なものじゃないですね。

いろいろと調べたら、国家公務員一種に法律職というのがあって、それに受かるといろいろな省庁に行けるらしいことがわかった。それで、8月の終わりに大学の生協に行って、憲法とか民法とか刑法とかの本をいろいろと買ってきて勉強を始め

ました。８ヵ月勉強して、翌年５月の国家公務員試験に、これまたまあいい成績で通ったんです。そして、当時の大蔵省、今の財務省に、理系初の採用ということで行くことになりました。

私が大蔵省に入省したのは、証券会社や銀行が次々につぶれた、アジア通貨危機と言われた大不況の時期でした。すると、日本中から大蔵省に陳情団がどんどんくるんですよ、予算をつけてくれと。

国に助けてほしいというのはわかるのですが、私は国を通したサービスというのは平均点以下になると思っていて、できる限り民間で回したほうがいいと思っています。また、国の予算を増やすと税収も増やさざるを得ないですしね。

実際に世の中を動かしていくのは公務員だと思って入った世界でしたが、予算には法律も絡んでいて、なかなか臨機応変には変えられないんです。公務員は現況や未来を分析したりして知恵を出すことはできても、結局決めるのは政治家なんです。

それで大蔵省を辞めて転職することにしました。

ところが、２０００年にアメリカでバブル崩壊が起きた。そのときもまたものすごい不況でした。アメリカの企業に応募したんですけれど、結果は2勝20敗。その2社のうちの1社がマッキンゼー・アンド・カンパニーという外資系のコンサルティング会社でした。

そこでは、いろんな意味での「基礎体力」がついたという感じです。「頭がちぎれるまで考える」というのがマッキンゼーなんです。とてもハードですが、マッキンゼーには感謝しかないですね。そのおかげで、

「ちぎれるほど考えたら『解』は見つかる」という自信が生まれました。

解のない問いはないと思えば、どんな問いにも取り組める。「できそうにないからやらない」という選択肢はなくなるよね。

その後、IT関連2社と金融機関に1年ほど行ったのですが、気づいたら30代の終わり、39歳になっていました。迫りくる40代に何をしたらいいのか、まったくわ

からなくて……。中年の危機ってやつですね。

経歴だけ見れば、それなりに歩んでいるように見えるかもしれませんが、逆に言うと、この紆余曲折ぶりこそが、何をしていいのかわからないことの証左でもあるわけです。私が尊敬している人は、必ず40代ですごいことをやっていて、だからものすごく焦りを感じていました。

そんなある日、たまたまなんですけど、**毛利さんのメッセージを本棚に見つけたんです。高一の夏にいただいたあのメッセージです。**

ヒーローのひとことね。これが効くんだなぁ～。

ちょうどその頃、私も四半世紀ぶりに、「自分の進む道は宇宙かもしれない」と思っていたところでした。宇宙が好きだったことを思い出していたんです。

それで、いくつか宇宙関連の学会に出てみた。今、何がホットトピックなのかを知りたくて。月探査なのか、火星探査なのか、新型ロケットなのか……。で、行ってみたら「スペースデブリ（宇宙ゴミ）問題」が熱いということを知ったんですね。

スペースデブリ問題の専門会議がドイツで開かれることを知り、それにも参加しました。そうしたら、本当に深刻、かつ喫緊の問題だった。しかも、誰も解決策を提示できていないことがわかった。

「よし、宇宙ゴミを除去しよう！」と思った。それで、その場でいろんな専門家たちに言って回りました。「会社を作って宇宙のゴミを除去しようと思う」と。そうしたら、ものの見事にダメ出しされたんですね。

まず「市場がない」。次に「技術がない」。それから「法律が整っていない」。宇宙には条約が5つあるんですけど、そのどれもが宇宙ゴミを前提としていないんです。それに「新規事業でできることじゃない」と、宇宙機関が検討を始めていたらしいんです。あとは、

「莫大なお金がかかるけど、あなたはビリオネア（億万長者）ですか？」

とも訊かれました。

すごいね。ダメ出しのオンパレードというか、不可能の証明みたいな……（苦笑）。

こうした話は、私にとってグッドニュースかバッドニュースかと言えば、私にはグッドニュースとしか聞こえなかったんですね。

市場がないよと言われたけど、なければ作ればいいだけ。だからみんなに訊いたんです。

「競合はいないんですか？」

「誰もやってないんだから、競合なんていないよ」

こんないい話はないと思いました。なぜなら、

課題が明確なのに、これがいつどんな形でビジネスになるか、誰もわから

なかったわけです。

これこそまさに「ブルー・オーシャン」！

その学会の10日後には会社を作りました。10日の間も早く形にしたくてしょうがなかった（笑）。

まずやったのは、知識も技術も1ミリもないときですから、自分で完全に技術を理解すること。論文を300本くらい読んで理解して、エンジニアと話せるようにしました。

それから、資金については、鼻血を出しながら集めました（笑）。資本金は2千万円あったのですが、宇宙業界だと一瞬で消える金額なんです。いろいろなところを回って四回の資金調達をして、

１５３億円まで集めました。

さらっと言ってるけどすごいです。それは鼻血も出ます！（笑）。

まだまだこれからですし、応援していただきたいですね。

困ったときに助けてくれるもの

私は、毛利衛さんと出会ったことで人生が大きく変わりました。毛利さんと出会って、がむしゃらに勉強することの大切さと楽しさを知ることができた。

勉強に関して言うと、

困ったときに救ってくれるのは勉学のみだと思っています。

このひとことだけでも、この本をやってよかったと思う。やり切った人だからこその、若者へのアドバイスになってる。

行き詰ったり、悩んだり、自信がなかったりしたときに、泣いてもわめいても愚痴を言ってもしょうがない。そんなときに私にわかったのは、「勉学が助けてくれる」ということです。無心に机に向かうこと。それがどこかのタイミングで得た経験則のようなものだと思います。

でも、もしかすると自分が不器用だからとも思うんです。器用な人で、パッとやってパッと伸びる人もいる。そういう「不連続な成長」が私にはできない。「連続的な成長」しかできないんですね。大切なのは、努力し続けられるかどうかなのだと思います。

最後に「農学部」について。農学部って泥臭い部分はあるんですけど、じつは結構女性的だと思っています。さっきの「大きな秩序」とも関連するのですが、男って単純だから、すぐに「イノベーション！」とか言うんですよ。破壊的なイノベーション！とか（笑）。

でもその前に、**「自然の摂理みたいな、大きな秩序がありますよ」って諭（さと）してくれるのは女性的なものだと思っているんです。**

うーん、なるほど。

絶えず繰り返される生命の営みを肌で感じているのは女性だからかなと。

その点で、農学部は女性的だと思います。物事を俯瞰して考えたり、二元論に陥らなかったりするのは、農学部の特性ではないかと。

たとえば、健康か病気かで区別するのではなく、健康と病気は連続的なもので、その間には無数のグラデーションがあるとか。それが農学部に行くとわかるようになると思います。

最後の最後に、これからの子どもたちに向けてのメッセージとしては、**「ひまにしておく」ことがとても大事だということ。頭の中も体も、ひまにならないと好奇心を持てないんです。**

好奇心って、幸せに生きるための第一歩目なんです。

じつは今の時代、「好奇心」って「絶滅危惧種」じゃないでしょうか。ワクワクする感情、知りたいと思うエネルギーを大事にしてほしいですね。

NASA
うわっ、もらっちゃった！

岡田さんはまだまだこれからの人ですから、すごく応援しています。彼の話を聞いて、本当に人に勇気をくれる人だなと思いました。彼の何がすごいって、東大に入る勉強しかり、法律の勉強しかり、宇宙の勉強しかり、やると決めたらものすごい集中力を発揮してガーッと行くところ。経歴がすごい人だから、パッと伸びる人のように見えるけれど、実際はひとつずつ積み上げていった「努力の人」でした。やはり努力に勝るものはないんだな、努力を続けられることの違いなんだなと感じました。

それと毛利さんとの出会いも印象的でした。魅力的な大人との出会いで、子どもはこんなにも変わるという好例で、こうしたチャンスを彼に与えたお母さんに拍手です。

農学部に関する部分ついては、一義的な答えを求めないというか、そもそも答えというのは一義的なものではないと思っていること、安易な二元論に頼らない、俯瞰的で柔軟な思考ができるという点が、農学部の特性としてめちゃめちゃ納得でした。

３人目　松山大耕さん

まつやま・だいこう

臨済宗大本山妙心寺 退蔵院副住職

１９７８年、京都府京都市生まれ。２００３年東京大学大学院　農学生命科学研究科修了。２０１１年にはヴァチカンで前ローマ教皇に謁見、２０１４年にはダライ・ラマ14世と会談。世界経済フォーラム年次総会（ダボス会議）に出席するなど、世界各国で宗教の垣根を超えて活動中。

子どもに対して長期的な視点を持っていた両親

私は、京都市右京区の花園にある妙心寺退蔵院で、3人きょうだいの長男として生まれました。妹と弟がいます。

長男の私は「大耕」という、いかにもお寺を継がせる気満々の名前を頂戴しました（笑）。

「耕す」っていい言葉ですよね！長男だし、だいぶご両親も考えたんでしょう。

「大」という字は、祖父がつけたかったようです。もともと母が退蔵院の生まれなんです。「松山」というのは父方の姓で、当初は母方の苗字である「古田」を名乗る可能性もあったようです。「古い田んぼを大きく耕す」ということで私の名前がついたと……。

仏教では「心田を耕す」という言葉もありますし、

今思えば「大耕」というのは、まさに農学部にピッタリの名前ですね。

確かに！　これは仏様のお導きだったかな。

父もお寺の息子で、岐阜の養老にある本当に小さなお寺の出身です。戦前は農地がいっぱいあったそうですが、第二次大戦後にＧＨＱの指導で行なわれた農地制度改革で大半を失ったらしい。父方の祖父はお寺だけで生活していくのが難しくなり、村長をやっていたと聞いています。

父は８人きょうだいの唯一の男子です。しかし、そんな状況でしたからお寺を続けていくのは難しいということで、９歳から小僧に出されました。出された先のお寺の師匠の厳命で、母の実家である退蔵院の副住職に就任することになったのです。

父親としては厳しい人ではありますが、それ以上に「大胆な人」と言えるかもしれません。

お寺の息子である私を、中高一貫のカトリックの学校へ通わせたり……。

それは大きな決断です。青年期、成長期の影響は大きかったはず。

それは、思春期にまったく違う価値観に触れることが大切だという考え方からだったようです。それから、中3のときにはひとりで海外へ行かせてもらったり。私にとっては、これが人生のひとつの転機になりました。

私は中学でバレーボール部に入っていて、強い学校だったのでハードな練習漬けだったんです。ところが、中3の夏の試合で負けてしまった。それでどうしたものかと、ちょっと途方に暮れた感じがありました。このままだったらバレーボールだけで終わってしまうなと……。

そんなときに、たまたまテレビでやっていたアラスカのドキュメンタリー番組を見て、なんとなく「行ってみたいなあ」と思ったんです。それまでに海外旅行の経験は一回しかなかったんですが、そういう話をしたら、

父親が往復の飛行機チケットだけ買ってくれて、「行ってこい」って。

えっ、中学生ひとりでアラスカ？　マジで⁉

英語をまったくしゃべれない中学生が、ツアーじゃなくて、**ひとりでアラスカに行ったんです。とりあえず「指さし英会話」みたいな本だけ買って（笑）。**

確かに「指さし英会話」は便利だけど、それにしてもすごいな……。

ボディランゲージでなんとかコミュニケーションをとって、街中とか空港にツアーデスクってあるじゃないですか、そこで訊いたりして現地のツアーみたいなのに参加しました。フライフィッシングに行ったり、アラスカ鉄道に乗ったり。泊まったのはモーテルでした。今は16歳以下はダメなんじゃないかと思うんですが、当時は大丈夫だったんですね。

それで10日間行ってきたんですけど、すごく楽しめたんです。そのときに学んだことがふたつあって、

ひとつは「英語くらいしゃべれないと話にならん」と。ふたつめは「人生はなんとかなる!」。

すごい経験だ、いい学びだなあ。お父さんはそういうゴールを見据えて旅に送り出したのかな？

どこまで考えて私をアラスカへ送り出したのかはよくわからないのですが、父はいろいろな場面での意思決定が大胆かつ即決でした。自分が大人になった今は、そのすごさがよくわかります。

一方の母ですが、こちらもお寺の娘で、生まれてから一度も退蔵院以外のところに住んだことがないという人です。そもそも母方の祖母が筋金入りのお嬢様だったんです。京都の呉服屋の娘で。

だから、家事がまったくできない人でした。たまに祖母が朝ごはんを作ってくれたときがあって、「できたで」って言われて見てみたら、

これがまったく具の入っていない味噌汁で（笑）。

ああ、お湯に味噌を溶かしたやつね（笑）。
でも「京風どす」と言われたら納得しちゃう気も。

そういう祖母に育てられた母ですから、とにかく家事が苦手です。寺のことはよく知っているし、おもてなしとかも完璧なんですけど、家事全般が全然だめなんですよ。

忘れもしない中3の夏休み。バレー部の最後の試合があった日。すごく重要な試合で、弁当を持っていく日だったんですけど、母親がそれを忘れていたんです。「今からやる（作る）し」って言われて、イヤな予感がしたんですよ。でも、なんとか弁当を持たせてくれた。それで、試合前にこれを食べて頑張ろうと思ってパッとふたを開けたら、

猛烈にご飯が寄っていて、生のきゅうりがポンと入っていて、塩もかけてない。それにハムが2枚入ってました。

爆笑しました！

「中学校生活の集大成の試合の弁当がこれかよ！」と思いました。それで試合に負けて、さすがにキレて、母親に「こんなことするんだったらコンビニで買うし！集大成の試合の弁当がこれってどういうことだ！」って言ったんです。

「なんで、おかんの弁当はこんなにマズイんだ！」って。

そのときの母の言葉は今でも忘れられません。

「あなたのことを思って、わざとマズイご飯を作っている」って。意味がわからないでしょ!?

いつもマズイご飯を作るから、よそさんのお家に行ったとき、何をいただいてもおいしいご飯やと思うやろ。わたしがおいしいご飯を作るようなお母さんだったらどうする？

どこに行ってもご飯がおいしいと思えるように、わざわざマズイもの作ってるんやって言うんです。

最高だね。ぐうの音も出ないよ（笑）。

開き直ったような態度で、なんちゅう言い草だと思いましたけど、確かによそさんに行ってもマズイと思ったことがないし、うちの妻のご飯も毎回本当においしいと思うし、修行に行ってもご飯は全部おいしいと思いましたから、

母の言ったことは間違ってなかったなと。

おいしいものは大人になってから食べても充分わかるのだから、むしろ粗食を最初に教えるほうが教育としてはいい。これは斬新（ざんしん）です！

今、キャラ弁が作れなくて悩むお母さんとかいるじゃないですか。でも、そんなこと毎日してたら、将来その子が不幸になるんじゃないかと思うんです。共働きの家になったら、奥さんは毎日そんなことできないし、それに結婚したときの奥さんへの期待値がめちゃめちゃ高まるじゃないですか。母のようにマズくしろとは言いませんけれど（笑）、

子どもへの愛情表現としては、頑張りすぎないほうが長期的には効いてくるような気がします。

すごく柔軟なモノの見方だし、確かに一理ありますね。

こうして考えると、両親ともに変わってましたね。ただ、夫婦ゲンカしたのは一度しか見たことがないです。

私は中学受験で3校受けたんですが2校落ちたんです。1校目に落ちたときに、父がポロっと食事中に、「お前の教育が足りんからじゃないのか」と母に言ったんです。母は受験に関しては頑張ったという自負があったらしくて、**「あんたは何もしてない。何言ってんの?」ってケンカになった。それが唯一ですね。**

ケンカの理由は息子のことだったんだね。
ご両親は相性がよかったんだな、きっと。

子どもと対等に接してくれる大人との遊び

このあいだ私が新聞に載ったときに、それを読んだ幼稚園のときの担任の先生からお手紙をいただいたんですね。それをきっかけに何十年ぶりかでお話をさせていただいたんです。

そうしたら先生が、「あなたのことではすごく印象的なことがあった」とおっしゃるんです。当時3、4歳の私に先生が、「大ちゃんはお家に帰ったら何して遊ぶの？」と訊いたら、

「お家に帰ったら、お庭に行ってお抹茶たててよばれるの」

と言ったらしいんです。どうやら、

お寺の売店のおばちゃんたちとお茶をたてたり、庭の池の鯉をすくったり、通常の子どもではやらないような遊びをしていたらしくて。

うわっ、みやびな子やなぁ〜。

小学生のときには友だちと野球をやりましたけど、「あそこの門に当てたらホームラン」とかやってました。

その門というのが、徳川家康が作らせた重要文化財なんですけどね。

もうさ、少年野球の規模が違う（笑）。

あとは、ピンポンダッシュならぬ「梵鐘（ぼんしょう）ダッシュ」（笑）。

野球をやってると、鐘をつくおっちゃんに怒られて、バットやボールを没収されるんです。おっちゃんは、自分の生活している小屋に没収したものをしまうんですけど、鐘をつくときだけ小屋を留守にする。それで、友だちと二手に分かれて、ひと組が鐘をゴーンと鳴らす。すると、「あいつらかっ！」って、おっちゃんが慌てて飛んで行くんですよ。

その隙に、もうひと組が小屋からバットとボールを奪い返すという（笑）。

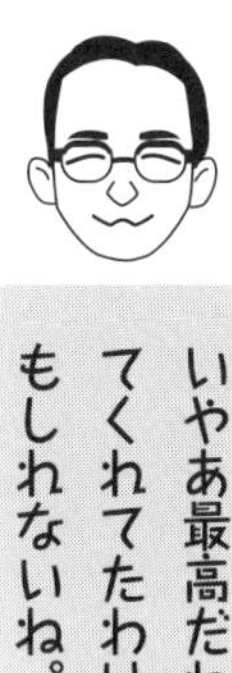

いやあ最高だね、映画になるよ（笑）。でも、おっちゃんは真剣につきあってくれてたわけでしょ。知恵が回る子どもたちをおもしろがっていたのかもしれないね。

もう少し大きくなって高校生くらいになると、ピンポンダッシュならぬ「ただいまダッシュ」っていうのが流行りました。見ず知らずの人の家に行って、ピンポーン、「ただいま」って言ってどれだけ粘れるかというゲーム。ときには、「警察呼ぶぞ！」と言われたこともありましたけど、「懐かしいいな、うちにもきみのような息子がいてね」

と言われて、家に上がらせてもらった上に、**しまいにはうな重をとってもらって食べて帰ってきたヤツがいました。そいつが一番でしたね（笑）。**

遊びがいちいちおもしろいし、大人に子どもの遊びを丸ごと受け入れる度量がある。今の都会の子じゃ絶対に無理だなぁ。

学校の話では、印象に残っている高校のときの授業があって、宗教の時間というのだったのですが、高3のときの授業が一番よかったんです。とてもシンプルな授業で、75歳くらいの奄美大島出身の神父さんが、「きみたちの質問に何でも答えます」という、それだけの授業なんです。

村田さんとおっしゃるんですけど、

その人の口癖が、「村田を常に困らせてください」。

いいね。どんなことも受け止めますというのが。

それで私の友人が、こんな質問をしたんです。

「神父さまは神様神様とおっしゃるけれど、私たちには神様の存在がわかりません。だから、私たちの目の前で神様の存在を証明してください」

すごい意地悪な質問だけど、本質的やなあと思いました。それに対して神父さんはこう返したんです。

「神というのは、人知を超えた存在だから神なのです。ですから、神は人間によって証明されてはならない」

確かに定義としてはその通りなんですよ。


クラス中がピシッと静まり返ったことを今でも思い出します。

すべての学生の心に刺さったでしょうね。言葉だけではなく、神父さんのあり方みたいなものが。

私たちの用語で、「対機説法」というのですが、どんな宗教家でも、飛んできた質問にズバッと返すのが一番の腕の見せどころであり、同時に難しいし恐いことでもある。それを高3のときの神父さんが堂々となさっていた。「宗教家たる者、こうでなくてはならない」と思いました。

もっとも、そのときの私は退蔵院を継ぐつもりはまったくありませんでした。父親からも一度も継げと言われたことはなかったんです。もちろん、継いでほしいと思っていたのでしょうけれど。

勉強のことも、小学校6年生までは「勉強しろ」と言っていましたが、

中学生になった瞬間から言わなくなりました。

やっぱりいろんなことが見えているお父さんです。中学くらいになったら言ったたって無駄なんですよ。学校で授業を受けていてわからなかったり困ったりしたら自分でやりますから。

そういえば、中3くらいからは、宮大工さんとかに、「大ちゃんも行くか？」って祇園に連れていかれてましたね（笑）。

祇園って言ってもスナックみたいなところですし、さすがにお酒は飲んでませんでしたよ。おっさんの下手なカラオケ聞いて、受動喫煙しまくりの環境で、中学生にはまったくおもしろくもなんともないんです。

店の隅っこで店屋物の焼きうどんとか食べていると、店のママが気を遣って話しかけてくれるんです。あんなきらびやかな世界でも、

結構苦労してはるんやなぁとか思ってました。

いい社会勉強ですよ。貴重な体験です。

農学部には「Grow」という哲学が全部ある

大学には現役で合格しました。父からは受験前に、「うちには『浪人』という言葉はない。もしアカンかったら、頭を剃って修行に行け」と言われて、「このおっさん、本気やな」と思いました(笑)。それともうひとつ条件があって、**「東京の大学に行くなら学費は出してやる。京都の大学に行くんやったら自分で出せ」と。**

お父さんの言っていることの一つひとつが、ピシリと心に刺さりますね。

要は、地元の大学だったら井の中の蛙になるから、行くんだったら東京に行けっていうことなんです。

それで受かったら、今度は「お前、寺に住んでみぃひんか？」って言うんです。東京に行かせてもらうわけだし、学費も出してもらうのだから、「わかりました」と軽い気持ちで行くことにしたんです。

そのお寺っていうのが、フランス大使館の裏にある光林寺という1万坪くらいあるお寺で、住み込みの小僧は私ひとりでした。毎朝5時30分に起きて、門を開けてお勤めして、庭掃除、雑巾がけ、風呂洗い、朝ごはんをいただいたら皿を洗って大学に行くという生活です。

もう、想像していたキャンパスライフとはほど遠くて（笑）。

すごいな、いまどきの大学生に聞かせてやりたい。

週末には檀家さんの法事のお手伝いをして、それがアルバイトになりました。夕方6時になったら自動的に門が閉まるんです。大使館の裏だからセキュリティがすごくて、センサーみたいなのが張り巡らされているんですよ。友だちにコンパや飲み会に誘われたときには、

センサーに感知されないようにそっと抜け出しました。

それ、ほとんどスパイでしょ！（笑）

それで、暗証番号を押して門のカギだけ開けて、渋谷に飲みに行ったりしていました。

寺にいたら用事を言いつけられるから、寺にはいないようにしていました。でも、アルバイトは週末の法事だけだからお金はない。だから、大学の授業にずーっと出ていたんです。

1年生の前期だけで一般教養の単位は全部取ってしまったくらい。もともと文Ⅱで入ったんですけど、一般教養で農学部の授業も取りました。そこで松本先生という土壌の専門の先生の話を聞いたんです。

中国の砂漠には、水がなくて砂漠化するのもあるけれど、養分が足りなくて砂漠化するところもある。そういう砂漠は、石灰石がいっぱいある。その石灰石を火力発電施設に持って行って、有害物質に混ぜて吸着させる。そこに赤ちゃんのおむつに入っているようなポリマーを混ぜて砂漠に撒く。すると、砂漠が半年で緑の大地になるという事例を見せてくださった。

「これ、一石二鳥どころちゃうやんけ！」と思いました。農学部って、環境問題と同時に砂漠化も解決しているんだ、すごいことやってるなと。

その授業を一回聞いただけで、農学部に行きたいと思ったんです。

心動かされる授業だったんですね。東大の先生たちが聞いたら泣いて喜ぶよ（笑）。

それで、実際に農学部へ転部して農業経済をやりました。その農業実習での学びがすごく大きかったんです。これは机上の空論じゃないという実感がありました。たとえば、野菜の種が入っている袋の裏を見ると、発芽率が書いてあります。何％発芽するかは、ばらつきがあるのですが、ホウレンソウだと80％と書いてあって結構高い。

それで、田んぼに指を入れて種をひとつずつ入れていったら、次の週にはピュッと芽が出てるわけです。

でも、またその次の週に行くと全部ペシャーンとなってる。「あーあ」と思っていたら、「お前らアホか。野菜っていうのは４、５粒入れなアカン。４、５粒の中で競い合って一番いいヤツを残していかないと野菜は育たないんだぞ」と、農家のおっちゃんが言うわけです。

私たちの修行は叢林と言うのですが、それとまったく同じ発想なんです。あんなきつい修行はひとりじゃできないんですよ。まわりにいろんな人がいて、切磋琢磨してはじめて育つという発想で、

「ああ、育てるというのはこういうことなんだ」と、すごく学ばせていただきました。

経済学部の計算上のことではわからない、農学部ならではの、質感のある学びですね。

農学部には、「育てる」という哲学が全部あるじゃないですか。Makeじゃなくて Growなんですよ。この本に登場するみなさんを見たら、

そのGrowの精神の持ち主ばかりですよね。

農学部をひとことで言うとGrowの精神……これまた名言です！

物の扱い方や価値観は、あとからでは身につかない

私には妻と娘がふたりいます。あとは私の両親に義理の両親。今は私が育てる立場になって、もちろん大変なこともありますけれど、すごくおもしろいなと思っているんです。

私は海外に行って活動したりしているので注目していただいていますが、40歳と

いう年齢で海外での経験があって英語がしゃべれて、というのはとてもよかったと思っているんです。この世代ではまだ希少だから。そういう意味では、その機会を与えてくれた両親には感謝しています。

でも今の時代、うちの娘たちは英語がしゃべれるようになんて、放っておいてもできるようになると思うんです。それよりも、

美しい京都弁をしゃべれるほうがよっぽど価値があると思っています。

希少価値ですね。

絵本の読み聞かせは全部京都弁でやっているんですよ。

京都という場所でしか体験できない教育がある。伝統行事とか物の扱い方とかお茶会とか。

お茶会に行くと、物を大切に扱うということが身につきます。

いいですね。それはよそではなかなか体験できない。

私はアートでも何でも、博物館や美術館に入ったら終わりやと思っているんです。それ以上の価値が生まれないから。大事なものであればあるほど使わないといけないと思っています。

こんなこと言うのもなんですけど、ああいうもので儲けてる人って多いじゃないですか。私はお金の儲け方よりも、使い方のほうがずっと大事だと思うんです。物の扱い方とか価値観って、あとからでは身につかない。骨董品などにしても、うやうやしく並べておくだけでは意味がなくて、**生きる教材としてちゃんと上手に活かせるようにすることが重要だと思うんです。**

これは深い。飾るより大切に使え。

良心に基づいて行動することの大切さ

今、日本では「コンプライアンス」（法令遵守）ということが叫ばれています。

でも、そもそも日本には、

コンプライアンスっていう概念が合わないのではないかと私は思っています。

そうなんですよ、危ない感じがすごくある。

結局、やらなきゃいけないからやるということと、本当にその人のことや状況を考えてやるということはまったく異なるんです。

私は、修行に行く前にすごく疑問に思っていたことがあって、タイやミャンマー、台湾のお坊さんって結婚できないし、お酒も飲めない。肉や魚が食べられないんです。ところが、日本のお坊さんは全部やっていて、それはなぜなのだろうと。

修行の3年目のときに、中国のお坊さんと一緒に修行をさせていただく機会があって中国に行ったんです。中国のお坊さんって、結婚がダメとか肉や魚はダメとか、規則が厳しいんですけど、規律はめっちゃゆるいんです。坐禅中に寝てるし、掃除の時間も遊んでるんだか箒（ほうき）でなでているんだかって感じなんですよ（笑）。

日本の修行は逆で、規則は多少目をつむるけれど、やるときはやるし、規律がすごく厳しい。京都のお寺がやっているような掃除なんて、世界ではどこもやってない。あれは、内面からふつふつと湧き出るものに支えられてやっている。

良心や規律から湧き出たものであって、規則として明文化するものではないんですね。

これまた深イイ言葉。心の内から湧き出る力は規則に勝る。

ところが、コンプライアンスがあるから不正が起こる。ルールさえ守っていれば何やってもいいんだろっていう考え方をしてしまう。その抜け道をみんなが探している感じなんですよ。

相手がどう思うか、社会がどう思うかを深く考察した上で、自分の良心に基づいて行動する。そうじゃないとうまくいかないんです。

まさにその通りです。大きな声で言ってください！

「エビデンス」という言葉も同じです。国や地域といったマスを考えるときには有効かもしれないけれど、**マスで正解だからといってそのまま個に落とし込むのは極めて危険だと思う。**

これも名言！

一人ひとりが良心に基づいて行動できれば、そうしたものは本来必要ないものだと思うし、それが日本らしさなのではないか、今はそれが失われているのではないかと思っています。

作戦成功！

高濱チェック●まとめ

松山大耕さんは、仏教界のまさにニューリーダー。日本だけでなく海外でも活躍されていて、どうしてこんなに優秀で実行力があって、物事を見通す力があるのかと不思議に思っていましたが、その原点はやはりご家庭にありました。

彼が幼いうちに、大きな学びを得る体験をお父さんがさせていた。その決断力や判断力は尊崇に値します。今のやさしいお父さんたちにはなかなかできない。ほんとすごいお父さんです。

また、遊びの話でも、「いい大人に囲まれていたのだなあ」と思いました。

コンプライアンスやエビデンスの話は私もまったく同意見で、「何か違うんじゃないか?」と教育の現場でも感じています。

「ITを使えば子どもが伸びる」って、そういうことじゃないんですよ。今その子の目が光っているかとか、好奇心が爆発しているかとか、もっと根源的なところに目を向けないといけない。それは、松山さんがおっしゃる「良心に基づいて行動する」ということに通じると思う。

求められているのは、いわば「人としての復活」でしょう。そんなことを感じさせてくれるお話でした。

4人目　高橋祥子さん

たかはし・しょうこ
株式会社ジーンクエスト代表取締役
1988年大阪府生まれ。京都大学農学部を卒業後、東京大学大学院博士課程在籍中にジーンクエストを起業。2018年4月より、ユーグレナの執行役員バイオインフォマテクス事業担当に就任。受賞歴に経済産業省「第二回日本ベンチャー大賞」経済産業大臣賞（女性起業家賞）など。

人と違うのは素敵なこと！

子どもの頃の私は、母によるとコミュニケーションが得意な子ではなかったみたいです。ひとつ上に姉がいるんですけど、姉は小さいときから大人に元気よく挨拶できる子でした。私は、

知らない大人がいると、壁にへばりついて震えているという感じだったと。

子鹿みたいだったんだね。

でも、自分では覚えていないんです。母からすれば、口数が少なくて何を考えているかよくわからない子だったようです。弟もいるのですが、彼は姉と私の中間くらい。姉は長女らしいまともな女の子で、私は変わってる。弟はその間といった感

じですね。

私は5歳までは京都にいて、5歳からは父の仕事の都合でフランスに行って、そこで2年半くらい過ごしました。幼稚園の途中からフランスの現地校に放り込まれたんです。よく理解しないまま、気づいたら自分が「外国人」になっていました。

でも、まわりの友だちや先生たちがすごく好意的だったんです。「日本語でこれはどう言うの？」とか、いろいろなことをよく訊いてくれました。「電話に出るときは何て言うの？」って訊かれて、「もしもし」って答えたら、みんなに爆笑されました。

あとは、日本から持っていったビー玉とか金平糖（こんぺいとう）とかがクラスで人気がありました。いじめられたことはまったくなかったし、なんだか「尊敬枠」みたいな感じでしたね（笑）。

そうした経験を通じて思ったのは、

「人と違うというのは、本当に素敵なことなんだな」って。

これは大きい経験。日本では人と違うことがネガティブにとらえられがちだから。

だから、楽しかった、フランスは。家族でヨーロッパ一周旅行とかもしましたし、どこの国へ行っても楽しかったです。海外生活はすごくいい思い出です。母親が言っていたんですけれど、**外部環境が慣れないところだと家族に絆が生まれやすくて仲良くなれるんだって。**

お母さん、いいこと言いますね。

同調圧力で押しつぶされそうに

その後、帰国して日本の小学校に転校したときには「宇宙人」だと言われました（笑）。「どこからきた人？」みたいな感じで。フランスでは「人と違うことはいいことだ」と感じていたので、**「みんな一緒じゃなきゃいけない」みたいな日本的な同調圧力はちょっと衝撃的でした。**

これが文化の違いです。フランスでは人と違うことに対して誇りを持てる。移民がいろんなシーンで活躍していたりして、違うことの価値を認める文化が根づいているんですね。

たとえば、女子グループで一緒にトイレに行かないといけないとか……。

あとはランドセル。私、転校当初はランドセルじゃなくてお気に入りのリュックで学校に行ってたんですけど、「なんでランドセルじゃないの？」って言われて。私からしたら、「どうしてランドセルにしなくちゃいけないの？」っていう感じだったんですね。自分では普通のことを言っているだけなのに、なんで変な目で見られるのかがわからなくて、場の空気が読めない子だと思われていたみたいです。ちょっとつらかったですね。

同学年ではイジメとかはなかったんですけど、放課後のクラブ活動で上級生からの嫌がらせみたいなのはありました。料理クラブに入っていて、わたしが4年生のときに6年生がいっぱいいたんですけど、直接的なわかりやすい嫌がらせではなくて、同じグループの4人でコソコソ話したりしてるときに、私が「えっ何？」って訊いても、

私のことだけ全員で無視するみたいな……。

高学年女子あるあるのイジメだね。

ある日の朝、母親にワンピースを着せてもらって、「かわいいね」って言われて送りだされたんですけど、上級生たちには「ダサい」って言われて、「うわー、来たよ」みたいなことを言われたのがすごくショックでした。

そういうことがあったからか、いまだに女子会とか女子グループとかが苦手なんです。男性だけとか、女性だけとか、どちらか一方だけじゃなくて、男女混ざっているほうがいいですね。それが自然ですし。

「モーニング娘。」という娘がいるらしい？

私の父は整形外科医です。父方の祖父も医者で、すごく厳格な人でした。母は結婚を機に専業主婦になったのですが、ある意味〝家庭内での開拓者〟でした。母方の祖母がトップダウンタイプの人で、

母に対して、「私立の女子校に行って、私が決めた就職先に行きなさい」と言ってたらしいんです。

おばあさんは典型的な「親ブロック」だな。

それに母は全部反発したそうです。内緒で大学に願書を出して大阪大学に行って、英語の先生になりたくて英文科に入った。

「大学に行くことを認めてくれなかったら親子の縁を切る」と啖呵（たんか）を切ったと言ってました。

お母さんはたぶん私と同世代。ヒッピーとかが流行った世代で、「今までの時代とは違うんだ」という感じだったんでしょう。

ところで、うちは両親が読書好きで、ふたりともよく小説を読んでいます。司馬遼太郎とか、歴史系が好きみたいで、母はミステリーもよく読んでいるようです。私は小中学生の頃ですかね、一番本を読んだのは。誕生日プレゼントに本がほしいって言ってました。でも、それはテレビを見られなくて、本くらいしか娯楽がなかったからかもしれません。

親の方針で、わが家ではバラエティ番組などは見せてもらえなかったんです。子どもって、昨日見たテレビの話とかで盛り上がったりするじゃないですか。でも私は中学生でテレビの話にまったくついていけなくて。

「どうやら『モーニング娘。』っていう娘が存在しているらしい」っていう感じなんですよ。だって見たことないんですから（笑）。

想像上の娘ね（笑）。クラスでだいぶ浮いちゃってたろうなあ〜。

わが家では親に見たいテレビを申請してたんですけど、小学校のときだと「ドラえもん」はOKでした。あと「名探偵コナン」とか。ニュースや大河ドラマもOKでしたね。

だから自然と本を読むことが多かったと思います。

それなりに結果を出している人の家庭では本をすごく大切にしています。

それが身になっているかどうかはわからないんですけど、活字を読むのは苦じゃないですね。論文とかも。

最近、姉が専門医試験を受けて、久しぶりに受験勉強をしたらしいんですけど、専門書や論文を読むのは全然苦痛じゃないと言ってたのを聞いて、小さいときに読書をたくさんできたのはいい家庭環境だったのかもしれないと思いました。

他人のことは気にせず、自分の世界を深く持て

父は物静かな人で、あまりおしゃべりなタイプではないんです。でも、尊敬している人なので一言一言を結構よく覚えています。

小学生のときに、前後の文脈はよく覚えていないんですが、確か学校の話をしていたのかな。そのときの父の言葉が大事だと思って、メモして筆箱にずっと入れていました。

父は「他人のことは気にせず、自分の世界を深く持て」って言ったんです。

これはいい言葉ですよ。父親から一生を左右するような大きいメッセージをもらって、その言葉を大事に持っていたという。もう立派としか言いようがない。

たぶん、きょうだいみんなに言っていると思うんですけど、ちょうど帰国して同調圧力を感じていた頃だったので、タイミング的にも心に刺さったんだと思います。前半の「他人を気にせず」よりも、後半の「自分の世界を深く持て」が大事なんです。他人を気にしないでいるだけではダメで、「自分が興味関心のある世界を深く持つのがカッコいい大人だ！」と思っています。父は自分の仕事に誇りを持っている人なので、純粋にカッコいいなあと思っています。

あとよく覚えているのが、高校2年生くらいのときの、**「学歴は、自分のやりたいことが見つかったときに、その道を作ってくれることもある」という言葉。**

これもまた名言。「道を作ってくれることがある」じゃなくて、「道を作ってくれることもある」ですね。この助詞の使い方もまた絶妙です。

どちらかというと勉強は好きなほうなんですけど、ふと思ったりすることがあるじゃないですか、「なんで勉強するんだろう」って。そのときに父から聞きました。「別に学歴自体が目的にはならないけれど、自分のやりたいことがあるときに、手段として学歴が助けてくれることがある。だから選択肢が広がるほうに進んだほうがいい」と。それと、**経験もしていないのに一概に「学歴なんて意味ない」と言うのはナンセンスだよって。**

意味がないと言い放つことは簡単だけど、じつは意味はある。

確かにそうだなあと。それからは熱心に勉強するようになりました。

まずは勉強する時間を決めて、今日は12時間勉強すると決めたら、最初の1時間で何をやるとか時間割を全部決めるんです。夏休みの宿題とかも毎日のスケジュー

ルを決めて、

サボるのが嫌いなので途中で休んだりすることもなく、決めた通りに黙々とこなしていく感じです。

普通はサボるよね、ちょっと音楽聞こうかなとか。すごいなあ。一生に一度もやれたことないし（笑）。

私、「未来のために今を頑張る」というのが好きなんです。でも、未来って一生こないじゃないですか。そうすると、「私はずっとつらい人生を歩むのか？」とか、「時間軸に対する認識がおかしいんじゃないか？」と悩んでいました。

「今を楽しもう！」ということができないから、最悪の人生なんじゃないかと思ったり……。

「今を楽しもう！」以外何もないまま、気づいたら40歳だったなあ（笑）。

「未来のために」ということが腑に落ちたのは、大学に入ってニーチェの言葉を読んでからです。

ニーチェは、過去が現在に影響を与えるなら、同じように未来は現在に影響を与えている。だから、私が明るい未来に向けて頑張っていることは今の幸福につながっている。時間はつながっていて、切り離して考えるものじゃない――そうと知って楽になりました。

悩みから解放されましたね。

その話を聞いた私はポカーンとしちゃいましたよ（笑）。

幅広く生命にかかわりたいと農学部へ

父も祖父も医者ですが、私はその父にも勧められて農学部へ進むことにしました。農学部って農業をやっていると思われがちですが、それだけじゃない。農業経済をやっている人もいれば、私がやっていた分子生物学もある。**すごく選択肢が幅広いから農学部はお勧めだよって言われました。**

これ、一般にはあまり知られていないよね。

じつは、その前に姉とふたりで病院見学に行ったんです。高校2年生くらいだったと思います。父に連れられて、特別に手術室とかも見せてもらいました。

当然ですけど、病院は病気を治すところです。でも、私はそもそもどうして病気になるのかとか、病気にならないためにはどうすればいいか、ということを考えていたので違和感を覚えたんですね。それで農学部に興味を持つようになりました。治療だけに限らず、幅広い視点で生命にかかわることがしたいなと思って。

結局、京都大学の農学部へ進学し、さらに東大農学部の大学院に進みました。そこでの研究で、「これは天職だな」と感じました。

余談なんですけど、私は学生時代にいろいろなアルバイトをしています。バレンタインの花飾りを作ったりとか（笑）。手先の器用さに自信があったので、それを活かす仕事が天職なのではないかという仮説のもと、バイトを選んだんですね。

花飾りを作ること自体はよかったんです。ただ、まったく頭を使わない。そのときに、自分は作業には向いていないと思いました。頭使わないと死ぬって（笑）。

思考停止に陥ると、生きている意味を感じられないことに気がつきました。

もっと前に気づいてもよさそうなものだけどね（笑）。
頭を使うことの喜びを知っていると必ずそうなるよね。

研究の話に戻ると、研究というのは計画を立てて仮説を立てて、仮説検証のために実験をします。これはまさに「未来のために頑張る」という私の特性に合っています。それに実験自体も好きでした。やっぱり手を動かすのが好きなんです。

実験って地味な作業の繰り返しです。3時間ごとに実験したり、48時間の実験とかもあります。

もし、現在だけに焦点を当てると地味なことの繰り返しだけなんですけど、これが世界的に新しい発見かもしれないと思うと頑張れるんですよ。

大学院ではいい先生にも出会えました。加藤先生とおっしゃるんですけど、世界は今こうなっているから、この研究をするんだという流れの読み方を教えてくれました。あと、私がやりたいと言ったことに絶対にNGを出さない先生でした。

チャンスを与えて、どうなるかを笑顔で見守るという感じです。

それはよい先生ですね。

逆に言うと、自分でやりたいことのない人にとってはつらかったと思います。

私は遺伝子の研究をしたのですが、博士課程1年のときに最初の起業をしました。今ある研究結果をフィードバックする形でサービスとして提供し、サービスが広まることでデータが蓄積され、それをもとにさらに研究が加速する、という仕組みを作りたくて。

一緒に起業した先輩が役員になったのですが、その人も18歳くらいから、研究のかたわらビジネスをやってきた人でした。その人と、この研究を前に進めるためにはどうしたらいいかをずっとディスカッションしてきて、そのひとつの方法として起業することにしました。

企業から受託してデータ解析をする会社でしたが、やってみたら、ゲノムデータは取れるんですけど、それを解析できる人が私しかいないんです。これはこのまま続けていても世界は変わらないなと思ってやめました。

ジーンクエストを立ち上げたのは博士課程2年のとき。

加藤先生は何でも応援してくださるので反対はされませんでしたが、さす

がにびっくりしてましたね（笑）。

先生はそのまま研究の道に進んでくれると思っていたんでしょうね。

今は結果的に先生と共同研究をしているので、恩返しができているといいなあと思っています。

生きとし生けるもののすべてが尊い

私が農学部を好きなのは、そこに存在するものがそのまま平等に存在して尊いという感じがするからなんですね。

たとえば、理学部でも同じように遺伝子研究をしています。でも、そちらは理論を突き詰めていくような感じです。薬学部は農学部に似たようなところがあるけれど、最終的には薬を作るのが目的なんです。

農学部は、自然のあるがままを研究する。また、それを実世界にどう応用していくかも研究する。ちょっと東洋的な思想が育まれる感じがしませんか？

そこには「決して人間が一番偉いんじゃないぞ」っていうのがあると思うんです。**「生きとし生けるものすべてが尊い」というのが農学部の考え方なんですよ。**

この瞬間、農学部ファンが増えましたよ！　われわれは農学部から1円ももらっていないんですけどね（笑）。

思考に対してもいい影響があると思いますし、やりたいことが決まっていない人にもお勧めしたい学部です。

私は、人と違うことは素敵なことだと小さいときに思いました。それは海外で暮らしたことや、父の影響もあったと思いますが、今の日本人は同調圧力に屈して、他人軸で考えすぎる人が多いような気がします。

自分の軸って、持とうと思って持つものではなくて、自分が理想とする環境ではないときに気づくものじゃないかなと思うんです。

内面的な声や葛藤によって軸が掘り起こされるってことだね。

「これだ！」という自信があるから持つのではなく、違う環境になったときに、「あ、自分はこっちが好きだったんだ」って気づくものではないかと。

私は大学で研究をしていて、研究は好きだなと思ったんですけど、その研究をうまく回す仕組みが見つからなくて、このまま研究を続けていくべきかどうか悩みました。じゃあ、全部ゼロにして考えたときに残るものは何だろうと考えたときに、「研究を前に進めて、世の中の役に立ちたい」ということでした。

起業してからも、もちろんうまくいかないことはたくさんあります。じゃあ、なぜやめないのかと自問自答すると、やっぱりそれが残るんですね。だから、それが自分の軸なんだなと気づいた。

そのためには行動することしかないと思います。


考えることって、こたつに入っていたらできないんです。

そう、行動することです！

考えることはエネルギーを消費するから、考えなくてもいい状況で考えるのは、生物的に不可能なんです。カオスな環境に行くとか、思い通りにいかない経験をすることで初めて考えられるし、いろいろなものが見えてくるのだと思います。

でも、いきなりつらいことを経験するとポキンと折れちゃう場合もあると思うので、気づいたらいつの間にかできるようになっているという感じで、筋トレと同じように、**少しずつ負荷を上げていくのがいいんじゃないかと思います。**

子育て論で言うと、ちょっとずつ負荷をかけなきゃいけないのに、お母さんたちは除菌主義だから「うちの子を傷つけないで」「イヤがることをしないで」となる。しかし、じつはそれが残酷なことなんですよ。「気持ちはわかる。でも強い人に育てるには必要だよね」と、声をかけてくれる人とのつながりがあるといいですね。

んっ、わたしって変？

理系専門で生きていく人自体が少ない中で、女性というのはほんの一握り、いるかいないか。それをどうして貫けているのかに興味がありました。

やっぱり子どもの頃の体験なんですね。お父さんの言葉を聞いて、同調圧力の問題も含めて、人との違いについてどんな認識を持つかが生きる上での大きなテーマだと改めて感じました。

この前、就活中の学生と話をしたら、内定が取れたのに就活をやめないと言う。理由は「もっといいところに行けるんじゃないかと思うから」。

彼らの頭にあるのは企業のランキングなんです。10位より8位の会社。それをやってたら幸せになれないよ、と彼らには言いました。基準は自分の内側にあるのだからと。私は子どもが好きで今の仕事を選びました。それだけでいいはずなんです。

今は人工知能の時代で、人間力が勝負だとか、専門性が高いほうが食いっぱぐれがないとか言われます。それはそれで大事だと思うけれど、祥子さんのようにブレない軸を持つことの大切さを知ってほしい。

今回は「リケジョ」を目指す人にも参考になったんじゃないかな。

5人目　辻庸介さん

つじ・ようすけ

株式会社マネーフォワード 代表取締役社長CEO

1976年、大阪府生まれ。2001年京都大学農学部を卒業、ソニー株式会社に入社。2004年にマネックス証券株式会社に参画。2011年ペンシルバニア大学ウォートン校MBA修了。2012年に株式会社マネーフォワードを設立し、2017年9月、東京証券取引所マザーズ市場に上場。2018年2月「第4回日本ベンチャー大賞」にて審査委員会特別賞受賞。新経済連盟 幹事、シリコンバレー・ジャパン・プラットフォーム エグゼクティブ・コミッティー、経済同友会 第1期ノミネートメンバー。

多くの大人と子どもに囲まれて育つ

僕には2歳下の弟がいます。ふたり兄弟なんですけど、親戚同士の仲がよくて、**子どもの頃からいつも家の近くの母方の祖父の家で、従兄弟たち6人と一緒にいることが多かった。**

今の時代になかなか見られないような親族の関係かも。辻さんの成長にとって、おじいちゃんの家っていうのが何か舞台になっているような気がします。

すでに祖母は亡くなっていたので、祖母の月命日にみんなで集まって、一緒にご飯を食べるのが慣例になっていました。祖父の家には大きな池があって、その池に落ちたことをよく覚えています。

親戚で集まってご飯を食べるときには、**必ず祖父は上座につく。一番偉いところに座るんです。そして、祖父の子どもである母たちがその横に座ります。**

今の時代に失われてしまった「神聖」みたいなものがあった証拠ですね。お父さんが家長で一番偉いという発想は、今では消えてしまっているから。

祖父は経営者でした。Ａ４くらいの大きさの紙20枚ほどに経営指標が書かれているものを、毎月、小学生の僕を含めた全員に渡すんです。そこには、過去のＧＤＰとか機械生産量の移り変わり、雇用統計とかが書かれていました。それらを見ながら、祖父の話を聞くんです。

祖父は厳格な人だったから、ちゃんとしていないといけなかったんです。もっとも、僕は話を聞いていても「全然わかんないや」って感じでしたけど。

今にして思うのは、仕事というのはミーティングをしたり、段取りを組んだり、たくさんの人とともにするものじゃないですか。だから、**子どもの頃から多くの人と接するそうした経験ができたことは、結構よかったんじゃないかということ。祖父には感謝ですよね。**

子どものうちに生身の大人がたくさん生活の中にいるというのはとてもいいこと。こういう経験をした人は圧倒的に強いんですよ。

ただ、祖父はものすごく厳しい人で、特に自分に厳しかったんです。結構な数の従業員がいる会社の社長だったのですが、まったく贅沢(ぜいたく)をしませんでした。食べものもそうだし、着るものも質素です。お酒もそんなに飲まないし、とにかくまじめな人でした。仕事一筋でオシャレもしません。

子どもの頃って、社長の言うことは社員なら誰でも聞くものだと思うじゃないですか。でも祖父は、「庸ちゃん、10人に言ったとして、**ひとりでも聞いてくれたら感謝しなさい」と言うんです。**

社長は偉いって子どもは思うよね。そこで誰も教えてくれない世の中の真実をおじいちゃんが教えてくれた。

「みんなにもやりたいことがあって、社長の言うことなんて聞きたくないんだよ。だから、それでも聞いてくれるなんて本当にありがたいことなんだ」

それを聞いた僕は、「そうなんだ、社長の言うことなんてみんな聞かないんだ」と思いました（笑）。

自分がどう思うかではなく、相手がいいと思うかどうか

僕は、祖父の話を聞くのが好きでした。新興国に工場を建てる話などをしているときの祖父の顔はとても楽しそうでしたし、ときには厳しい顔のときもありました。そんな祖父の話からは、仕事や世の中の〝本当のこと〟がわかるというのと同時に、とてもドラマ性がありました。ストーリーがあるというか……。

祖父は両親を早くに亡くし、兄妹ふたりで親戚の家に預けられて苦労したらしいです。

詳しくは語らなかったんですけど、本当につらかったみたいだし、大学にも行けなかったそうです。でも、経営者にもいますけど、

どんな状況になっても生き抜ける人って、会社がつぶれたとしてもまたすぐに仕事の種を作っちゃうとか、本当におもしろいですよね。

そういうドラマ感が子どもは一番おもしろい。ここはポイントです。子どものうちに魅力的な大人に触れさせることの大切さ。子どもは嗅覚でいい大人がわかるから！

祖父はもう亡くなってしまいましたが、僕自身が経営者になったので、今一番話を聞きたい人です。

おじいちゃん、すごく苦しいときにめちゃくちゃ学んでいるはずだしね。

それと、もうひとつ祖父のことで印象的だったのは、僕が大学生のときにヒゲを生やしたことがあって、そのときに祖父に会いに行ったら、「庸ちゃん、ヒゲはいかん、ヒゲは」って言われたことです。

「そのヒゲを見て、少しでも不快に思う人がいるならば、ヒゲは剃るべきだ」と。

僕のヒゲを見て不快に思う人のことを想像してみなさいって言われたのが、ストンと腑に落ちました。自分がいいと思うかではなく、相手がいいと思うかどうかが大事なんだと。仕事というのは相手があることなのですから。

それで「はい」って言ってすぐに剃りました(笑)。それからヒゲは伸ばせなくなってしまいました。でも、こんなふうにガチッと指摘してくれる存在は貴重なのだと思います。今は「金髪でもいいいんじゃない?」っていう時代ですからね。

ベンチャー企業ってとがった人が多いから、銀行に行くときもTシャツで行ったりするんですよ。

社会は基本常識で回っているからね。「ベンチャーの人はおかしい。変な格好で来るな」と思っているおじさんはたくさんいます。辻さんが大成功している背景には、社会に「受け入れられた」ということがあると思う。おじいちゃんの教えはやっぱり正しかった。

僕はオフィスにいつもスーツをたくさん置いてあって、突発的に何かあって銀行に行くときには、「はい、スーツ着ます！」という感じですね。

親の愛情を疑ったことは一度もない

僕は小さい頃から新しいことが好きで、それに今あるものを疑うところもありました。たとえば、「勉強って本当にしないといけないの？」とか。小学校の初めの頃からそうだったと思います。

あとは読書が好きで、マンガと本はひたすら読みました。

やっぱりできる人は読んでるなぁ〜。

マンガは月曜から金曜までの週刊誌で読んでました。本は、シャーロック・ホームズとか星新一さんとか。短編集を読んで最高におもしろかったので、「星新一になりたい！」と思ったこともありました。

あとは歴史物。三国志、信長、家康、真田昌幸……作家でいうと司馬遼太郎や山岡荘八といったところ。読み始めると没頭していました。

高校ではテニス三昧（ざんまい）で、ぜんぜん勉強しなくて成績が急降下したんです。それでも国語だけは点数が取れました。読書好きだったからですかね、読解力のおかげです。国語がなかったら今の僕はここにいない。

僕の人生を支えたのは国語の点数です（笑）。

国語ができる人って、本当は全教科できるんだけどね。他の教科はやってないだけなんだから（笑）。

ところで、僕は子どもの頃からずっと小さくて、背の順で並ぶと一番前だったんです。だから、これ（腰に手を当てる）しかやったことがない。「前へならえ」をしたことが一度もないんですよ。それってすごくないですか？
弟も小さいので、そういう家系なんですね。背が伸びる体操は今でもできますよ（笑）。今なら笑って言えますけど、当時はつらくて。でも、
僕は父と母の愛情が深かったので自己肯定感は高いんです。

それわかる！　一目見て愛されてるんだなあと思いました。
幼児期は親の愛と躾（しつけ）が大事で、おじいちゃんが躾の部分を、両親からは愛情をたっぷり受けていたってこと。

僕は親の愛を疑ったことがありません。これは本当に幸せなことだと思っています。

ゲームの世界をリアルに取り入れれば子どもは伸びる！

小学校は大阪教育大学付属に通っていましたが、そのまま中学には進まずに受験をしました。

受験勉強を始めたのは6年生からです。

ひえ～、塾業界の常識を覆しますね。

きっかけは、友だちが塾に行っていて、「おもしろそう！」と思って僕も行くことにしたからです。

塾に行って初めて、「勉強っておもしろい！」と思ったんですよ。

文科省の人に聞いてもらいたい（笑）。知的に上位にいる子には、より高度でおもしろいことを提供しないといけないんですよ！

塾では黒板に成績のトップ3とか書き出すじゃないですか。あれはゲーム感覚ですごく燃えました。そういう人って結構いるんじゃないかと思いますよ。6年生からだったので、算数とか塾の勉強はかなり苦戦しました。でも、みんなでハチマキして「合格するぞー！」ってやるのが楽しかった。

「よーい、スタート！」「やるぞー！」みたいなのが子どもはほしいんです。

今は子どもにハチマキなんて「そんな塾はイヤ」と言われる時代。でも教える側は知っている。子どもが主体的にやるということを！

何かの本を読んでいて気づいたのですが、子どもも大人も引きこもりの人ってゲームばっかりするじゃないですか。今のゲームってよくできていて、ムカついたりすることがないんですよ。

ゲームの中では、プレイヤーをひたすらほめ続ける。社会の中にいると承認欲求は満たされないのに、ゲームの中だとめっちゃ満たされるんです。だから、どんどんゲームにのめりこんじゃう。

あのゲームの承認をリアルな親子関係に取り入れることができれば、めちゃくちゃ子どもは伸びると思うんです。

その視点すごくいい! いわゆる「ゲーミフィケーション」ですね! 花まる学習会ではずっとそれをやってます! (ちょっと宣伝)

国語以外だと生物が大好きでした。虫も好きだし、温かくて生きているもの、生物全般が好きなんです。今、自宅でカブトムシを飼っているのですが、お世話をしているのは僕だけです。カブトムシに30分くらいかけてエサをやっています。43歳にもなってもまだこんなことしてるんだなぁ〜と思いながら（笑）。

親に反対される道を行ったほうがいい

僕、あるときに気づいたことがあるんです。これを言ったら親に怒られるんですけど、子どもは親が反対する道に進んだほうが成功する確率が高いんじゃないかと思っています。

僕は大学を出て、まずはSONYに入った。そこからベンチャー企業に移って、そのあとで起業するんですが、どんどん親に反対されるんですね。リスクが高いから。せっかくSONYに入ったのに、自分で会社を起こすなんておかしくなったんじゃないかと。

うちの親がどうこうというのではなく、あくまでも一般論として聞いてほしいのですが、親というのは〝今、いいと思われていること〟を見ているじゃないですか。
でも、それって、
20年後、30年後にはほとんどよくないということが多いと思うんですね。

経営コンサルタントの冨山和彦さんも同じこと言ってました。親は自分の生きてきた世界、青年期の記憶によって「これがいい」と言うけど、会社としてのピークはとっくに終わっていると。

そう考えると、「今、いい方向」に進むのは間違っている。親の感覚ではなく、自分の感覚のほうが時代に合っているのだから。今、親に反対されることのほうが、むしろ、20年後30年後にはいいんじゃないかということに気づいたんです。
親としては、子どもの安心や安全を願うから、今まで自分が見てきたものの中で一番安定しているように見えるものを勧める。でも、みんながいいと思うところって、優秀な人たちが集まるから競争率がすごく高い。SONYなんて、めちゃめちゃ賢くていいヤツで永遠に勝てないような人たちばっかりだったんです。**投資の世界の格言に、「人の行く裏に道あり花の山」というのがあるんですけど、すごくいい言葉だなと思いました。**

わかるなあ〜。「みんなと同じ」に価値は生まれないからね。

たとえば、印刷会社のラクスルは、印刷業界を変えたと言われています。印刷業界ってＩＴに強い人はまず行かないんですけど、そこにラクスルの社長さんみたいなＩＴで優秀な人が行って結果を出した。

時間は多少かかるかもしれないけれど、競争相手はほぼいない。だからすごく有利なんですね。これはひとつの真理だなと思いました。

起業とは真っ暗闇の中を走り続けること

最近会社で始めたことがあるんです。社員は1週間で400ポイントもらうことになっていて、そのポイントを「今週は○○さんにあの仕事でお世話になったな。○○さん、あなたにこれこれこういうことでお世話になって、ありがとうございました！」って言ってポイントを贈るんです。

お互いに贈り合うことで感謝が行き来する。これが本当によくて、心が洗われるんですね。

そういう感謝経済っていいよね。

日本人って、感謝の心をあまり伝えないじゃないですか。以前、ちょっと失敗したことがあって、社員とあまりうまくいっていないときがあったんです。それは互いの行き違いや誤解が原因だったんですが、「どうしたらいいですか？」ってまわりの人に訊いたら、「それは辻くんの愛が足りないんだ！」って言われました。

それまで、僕は相手に伝わっていると思っていたんですね。

社長あるあるですよ。私にも経験があります。今ならわかりますよ、「ありがとう」を言ってなかったと。

ところが全然伝わっていなかった。直接話をしたら、「えー、そんなこと思っていてくれたんですか？」ってハグですよ。物理的にじゃなくて精神的なハグでしたけど、感謝の心を持つだけじゃなくて、ちゃんと相手に伝えないとダメなんだと学びました。

失敗の話をすると、

最初に起業したとき、SNSでお金を扱うプロジェクトを立ち上げてコケました。

みんな初心者だしね。起業して一回目の失敗って大きいよね。

僕が言い出しっぺになって6人でスタートしたのですが、5ヵ月くらいかけて準備したのに、始めてみたらユーザー数がずーっと10人くらいだったんです。そのうちの6人くらいは友だちだったから、実質のユーザー数は4人くらい。そうなると社内の雰囲気が暗いんですよ。ワンルームマンションでしたから余計に。

そのときにわかったのは、「ああ、社長が信頼を失っていくってこういうことなんだ」ということ。「辻の言う通りやってもうまくいかないじゃないか」という雰囲気になるんです。

それで、「これからどうする?」という話になりました。仲間と一緒にやっていてよかったと思うのは、「さあ、ここから必死に考えようぜ！」というふうになったことですね。徹底的に議論して、「こんな可能性があるんじゃないか？」って、アイデアを出し合えた。

これがもし自分ひとりだったらやめていたかもしれません。

なるほど、みんなでやるから力になるんだね。

起業って、真っ暗闇の中をひたすら走るようなものです。出口を求めて。でも、今走っている方向に出口はないんじゃないか、ひょっとしたらあっちじゃないか、という恐怖心が常にあるんですね。悪夢だって見ましたよ、本当に。

今の家計簿アプリも、最初は有名なベンチャーキャピタリストに、「こんなの絶対にユーザー数1万人もいかないよ」と言われて、すごく傷つきました。

それが今850万人に利用されていますけど、

でも、まだまだだと思っています。

起業を目指す人たちの模範です。
成功したって偉そうにしないし努力を怠らない。

仕組みを変えると報われる組織になる

僕は大学のときに、農学部で大腸菌の加熱をやっていました。実験のために使う大腸菌を育てるのが僕の役目だったんですけど、ある日、大学に行ったら大腸菌が全滅していた。「実験できないじゃないか!」と怒られた。

大腸菌ももうちょっと空気読んで、少しくらい残ってくれてもいいじゃな

いかと思いましたよ（笑）。

でも、大腸菌もずいぶん苦しかったんだと思いますよ（笑）。

自然と対峙するのってそういうことだと思うし、時間もかかるんです。米は1年で一毛作か、せいぜい二毛作でしょ。一回やったことの結果が1年後にしか出ない。20年続けても二十回しかチャレンジできないんです。

こんなに圧倒的な自然のパワーの前では、人間はひれ伏すしかないし、謙虚にならざるを得ない。

自然は全体のバランスで成り立っているから、ひとつのパーツだけよくてもダメ。自分だけよくてもダメなんですよね。

これは会社経営と同じです。せかせかしてもしょうがない。もっと本質的なことをやらなくちゃいけない。まわりが困らないようにしていかないとうまくいかないし、謙虚でなくてはならないんです。

僕は、アメリカのビジネススクールでの体験がすごく糧になっていて、多様性はもちろんなんですけど、「クラスに貢献しなさい」と言われたんですね。テストの点数を上げるだけじゃなくて、クラスや議論に貢献するようにしなさいと。

前の人が言った意見に対して付加価値をつけるような意見が言えなければ0点。発言しないのも0点。こんなふうに、アウトプットによって貢献するという環境は初めてでした。しかも英語で。でも、これがおもしろいなあと思った。日本だったら座学中心ですよね。

教育の理想でもうひとつ言うとすれば、いろんな経験を持つ人が先生になったほうがおもしろいと思うんです。

僕らの会社には、日銀や金融庁の方がいらっしゃって、お互いの考え方をすり合わせたりするんですけど、すごく発見が多いんです。教える人が多様で、いろんな人生経験を持っているからだと思いますが、**子どもたちにとってもそのほうが絶対におもしろいはずなんです。**

辻さんのおじいちゃんみたいにね。

3浪4留とか、ある意味ぐちゃぐちゃな人生を歩んだ人のほうが強いと思います。**高濱先生みたいに（笑）。**

私は静かに生きてますよ（笑）。

学校の先生って大変だなと思う半面、生徒を見下している感じがどこかにあるん

です。学校には、先生と生徒の力関係が明確にあるじゃないですか。会社には、コーポレートガバナンスがあります。上場企業の場合、社長は取締役会で決まって、その上に株主さんがいて、たとえば社長である僕が暴走したら、株主によって馘にされます。社員もいるし、お客様もいらっしゃるし、そういう仕組みの中で社長が暴走しないようになっているんですね。だから、**学校も先生が悪いという意味ではなく、そういうふうに仕組みを変えたほうがいいと僕は思っています。**

私も長年公立学校に関わってきて、一人ひとりの先生を批判するのではなく、先生が追いつめられる仕組みを変えるべきだと思う。だから政治マターなんです。

仕組みを変えれば、頑張っている人が報われます。ビジネスをやっている人たちって、未来に時間を使いたいんです。だから、子どもに時間を投資することって、やりたい人が多いと思います。そうした思いが報われるようになるといいですね。

高濱チェック●まとめ

マネーフォワードの家計簿アプリを使っている人、結構いるんじゃないでしょうか。辻さんはこれだけの大きな会社を成功させているのに、まったく気取っていなくて温かみのある人だなぁと思っていたのだけれど、どうやらその人間力の原点はおじいさんとその家にあったようですね。

居心地のいい場所で、大人も子どももたくさんいるという環境に育まれた。おじいさんにはそれだけの人間力があったのでしょう。

今の時代、4人家族なら4人だけの世界です。鍵を2つかけて誰も家の中に入ってこないし、学校に行っても毎日決まった人と会う。ある意味〝予定調和的〟であり、好きな人とだけ過ごしていればいい。

でも、そういう経験しかないと就職したあとで不幸になるケースがある。だって、就職したら今までの常識が全然通用しないし、価値観のまったく合わない人とだって話さないといけないんですから。

世界は出会いがすべて。ただエスカレーター式に人生が進んでいって、なんとなく仕事をしている大人なんて、子どもにとってはピンとこない。

農学部を経由すると、どんな仕事にも就ける多様性が身につき、出会いの機会も増やせるんじゃないかと思います。

6人目　出雲充さん

いずも・みつる

株式会社ユーグレナ代表取締役社長

１９８０年、広島県生まれ。１９９８年東京大学文科三類入学、３年進学時に農学部に転部。卒業後、東京三菱銀行に入行。退職後、２００５年８月株式会社ユーグレナを創業。同年12月に微細藻ユーグレナ（和名：ミドリムシ）の世界でも初となる食用屋外大量培養に成功。２０１２年に株式会社ユーグレナは東証マザーズ上場、２０１４年東証一部上場。

家じゅう薄力粉まみれ事件!?

僕は、東京郊外の多摩ニュータウンというところで生まれました。これまでに登場した人たちには、それぞれいいストーリーがありますけど、僕なんかは社会科の公民の教科書にそのまま載っているような、中流家庭で「平均」「標準」を絵に描いたような家です。

父親はサラリーマン、母親は専業主婦という、核家族で大きな特徴もない、ごく普通の家庭です。

だからいいんですよ。どうして普通の家の子が世界中から注目されるようになったのか。

僕には2つ下の弟がいて、いつも一緒でした。大人になった今でもめちゃくちゃ仲がいいですよ。

「今までに一度もケンカしたことない」って言うと、びっくりされます。

普通はするよね。どっちのケーキが大きいとか、兄ちゃんばっかりズルイとか。

それは弟が相当な人格者で、仏陀（ブッダ）みたいな人間だからです（笑）。

高校生のときに、「兄ちゃんオレね、世の中に困っている人がたくさんいるから、無医村に行って医者になる」って言うんですよ。そのときの僕、

「ムイソン」って言われて、漢字も意味もわからなかったくらいです。

フランス語みたいだもんね。「ムイソーン」って（笑）。

それで実際に医者になって、治療費払うのが大変な人がいっぱい来るような病院で働いています。お金持ちだから優遇するとかなくて、本当に来た順番に診るということをやってます。そんな弟ですから、会うたびに「すみません」っていう気持ちになります（笑）。

忘れられない話があって、名づけて「薄力粉事件」（笑）。

僕が小学校3年か4年くらいのときのことで、母の日が近かったんです。キッチンの壁紙が汚れていることに気づいて、

母がスーパーに行っている間に弟とふたりできれいにしようということになった。

いい話じゃないですか。お母さん思いの。

それで「薄力粉を使って壁を白くしよう！」と思いついた。

げっ、そうきたかっ！

基本的に、弟には僕がやることを一緒にやらせていたので、弟に訊いてみたら、「いいじゃん。白くなるし、お母さん喜ぶと思う」と言うから、よしやってみようと。

ところが、粉のままだとなかなかくっつかず、水を混ぜてぺたぺたやったんです。

でもそのうちに飽きてきちゃって、気がついたら家じゅう粉だらけになってた。

そのうちに母親が帰ってきた。「これ、どうしたの？」と訊くから、「母の日ありがとう。汚れていたから、白くなるとうれしいかなと思って、ワタル（弟）と一緒

にやった！」って言ったんです。この「ワタルと一緒にやった」というのがポイントです。そうしたら、

「あらそう。お母さん、うれしいわ」って、めちゃくちゃ悲しい顔で言ったんです（笑）。

爆笑！

そのあと、1日かけて掃除してましたけど、母は一度も怒らなかったんですよ。

「お母さんのためにガンバロー！！」と、兄弟でせっせとやり抜く姿を思って心が温まったんだろうね。

むしろ、怒られなかったからすごくよく覚えているんです。
「こういうのはやっちゃいけないんだね」と僕。
「うん、そうだよ兄ちゃん」……だって（笑）。

ザリガニ釣りから学んだ「常識」を疑うこと

僕が生まれ育った多摩地区は、本当に自然が豊かなところで、ジブリアニメの『平成狸合戦ぽんぽこ』の舞台になったところです。今でも年に一回くらいは狸が出ますね。この前、多摩市長に確認したので確かです。

子どもの頃は、家の近くに一本杉公園という場所があって、**そこでいつも弟とザリガニを釣ってました。**

男の子同士で「釣る」とか「獲る」って盛り上がるコンテンツです。

ザリガニ釣りはエサが大事なんです。僕は池で遊ぶか、マンガを読むかっていう子どもで、マンガは『ドラゴンボール』と『こち亀（こちら葛飾区亀有公園前派出所）』を読みまくってました。

その『こち亀』の85巻に、ザリガニ合戦の話があった。両さんがザリガニを獲って儲けるという話なんですけど、これを見た僕は、「ワタル、行くぞ!」と。

マンガを読んでいただくとわかるんですけど、両さんはスルメをエサにしてザリガニを釣りまくるんです。

それで僕もスルメを持って公園に行きました。

完全にマンガに感化されたんだね。

ところが、ザリガニはスルメのエサにピクリとも反応しない。今になってみるとわかるんですけど、『こち亀』の時代には食料が乏しいから、ザリガニもスルメにだって飛びついたんですね。
でも、僕の子どもの頃はすでに食料が豊富でしたから、ザリガニは飛びついてこないんです。それで、僕の好きなものを順番にあげてみようと思って、「いちご大福」や「雪見だいふく」をあげたけど、これが全然釣れない。で、最後の手段として、**「さけるチーズ」をエサにしたら、池じゅうのザリガニがザザザーって集まってきた。いやあ、恐かった（笑）。**

ザリガニ釣りには「さけるチーズ」を持って行きましょう。
ぜひ、スルメと比較してください（笑）。

僕が5年生で、弟が3年生のときの話です。じつは、チーズなどの乳製品には低分子の遊離アミノ酸がたくさん含まれていて、アミノ酸のうまみ成分が溶け出したんですね。だからザリガニも気づいたっていう。高分子のたんぱく質のかたまりには反応しないんです。
もうひとつ、ザリガニを機に学んだことがありました。スルメで釣れないのが本当にショックで、「スルメの種類が違うのかな？」とか、「切り方が悪いのかな？」とかやっているうちに、
本や教科書に書かれていることや、人が言っていることを鵜呑みにしないことが大事なんだと思うようになりました。

試行錯誤の体験が、深い学びをくれたんだね。

大抵の人は、教科書に書いてあることを鵜呑みにするじゃないですか。僕は結構実際に試してみるんです。そうすると、書いてあることの半分くらいは違うなということがある。
物理や数学は書いてある通りなんだけど、生物や生命を扱う分野は思いのほか適当なんですね。

それで、教科書に書いてある通りにならないから先生に訊いてみるでしょう。すると、「そんなことやったことないよ。だいたいそんなもんじゃないの」みたいな……。ミドリムシについて言うと、強い光を当てるとビタミンが倍になると書いてあるのですが、試してみると意外に時間によっては増えなかったりするんですね。同じ光の量があっても、

そのエネルギーを何に使うかはミドリムシが適宜判断してるんですよ。

彼らの1日の流れがある。こうしたらこうなる、ではないってことだね。

数字から読み解く物語にハマる

僕の小さい頃の夢は、電車の運転手になることでした。電車が大好きで、いつも

一番前に乗って見てました。いわゆる「乗り鉄」ではあるんですが、さらにちょっとした変化球バージョンで「時刻表鉄」だったんです。だから、電車に乗っていなくても、時刻表を見ているだけで乗った気持ちになれます。

時刻表を見る楽しさというのは、たとえば、「どうしてこの駅は通過されちゃうのだろう?」とか、「こういう時間の間隔にするのは、どんな人がどういう生活をしているという分析に基づくんだろう?」とか、

数字の羅列の中からいろんな想像をすることにあるんです。

数字の背景にある、見えないものを見る力だね。

「ここで15輌の車輌から5輌切り離して、10輌だけが先に行くんだ。いつ頃からこうなったんだろう?」とか考える。

そこにはどんな物語があったんだろうって想像するんですね。それが楽しい。

物語として時刻表を読んでいたんだね。その楽しみ方は創造的かつ想像的でいいですね。

あと、やっぱり大事なのは「ダイヤ改正」。今回は何が変わったのかということが気になります。

ダイヤ改正は重大イベントで、時刻表の製作会社もそれはわかってますから、「今回の改正の目玉はこれ！」みたいに書いてあるんですよ。

たとえば、「始発駅と車庫の関係」というのがある。車庫があると、その駅は始発駅になってもおかしくはない。ところが、まれに途中駅でも始発駅になることがあるんですよ。そうすると、その駅を始発駅にした鉄道会社に対して、時刻表鉄と地域住民のロイヤリティがすごく高まります。なぜなら、自分が使っているそういう駅が始発駅になったら、朝は座って行けるんです。「これは素晴らしい！」ってみんな言いますよね。ですから、

改正によって何が変わるだろうというのは毎回楽しみでした。

今まで見てたけど全然知らなかったなぁ。

ただし、最近は観光列車の特集ばかりで、ダイヤ改正の細かいワザはあまり取り上げられなくなりましたけど。

思春期の頃

僕が中学受験をしようと思ったのは6年生のとき。

えっ!? それでよく駒東（駒場東邦中学）に受かったよね。

僕は〝ザリガニショック〟のあと、いろんなものに疑いを持つようになっていて、塾に行くことになったときも、試しに授業を受けてみたんですね。

そのときの教室に、地球と月と太陽の模型が置いてあって、太陽のところにロウソクをおいて、月と地球が公転・自転している中で、上弦の月、下弦の月、三日月、皆既日食がどうなるかを楽しく実証的に教えてくれたんです。あとは滑車を使って力学の問題を解くとか。

そういう教材があったので、あっという間に塾が好きになりました。先生たちもみんなほめるのが上手で、

塾はすっごく楽しかったですね。

今回みんなが「塾の先生がおもしろかった」って言ってます。

中高での部活は硬式テニスと、当時パソコンが普及しはじめて、まだインターネットはなかったのですが、「マルチメディア同好会」というのを立ち上げました。

僕が高1か高2のときに、プリクラが流行ったんですね。

それで、文化祭の出しものでこれをやったらみんな喜んでくれるんじゃないかと思った。

経営者って「これやろう」「これはやらない」って常に決断している。こういう経験って、後々の社会的なポジションと関係しているんじゃないかな。

デジカメで写真を撮って、パソコンに取り込んでシールにするというのを同好会でやったら、ものすごい人が集まりました。あれは楽しかったですね。

僕が通っていたのは男子校で、文化祭には女子が結構来るのですが、**モテたいとかそういうのはあまりなかったですね。**

マジで？　思春期なんてそればっかりだったけど。

時刻表でもパソコンでも、普段から友だちや弟と好きなことやり、バカなことやってるのがあまりに楽しくて、それで満たされていたというか……。

でも、これは被害妄想というか単なるひがみなんですけど、モテるのは自分じゃない他の人で、**具体的には「慶應の人」だと思ってました（笑）。**

ちょっと偏見が……でも一理ある（笑）。

駒東って渋谷に近いんですが、渋谷に行って女の子に声をかけていいのは慶應という思い込みがありました。高校のときも、東大のときも……今に至るまでそう思ってます。

勘違いで仕事を辞めた!?

大学を卒業後、僕は銀行に就職しました。

大学時代に気づいたことのひとつに――これはどこまで話していいのか微妙なところなんですけど、「大学にはお金がない」ということがありました。研究したくても研究費がない。それであるとき思ったんですよ、「ミドリムシの研究は無理だ」っ

て。なぜなら、
１年のうちの半分以上を補助金を得るための資料作成に費やしていたから。

おお、現場からの重苦しい報告……。

毎日補助金、補助金で、余った時間でミドリムシ……。それじゃ研究なんてできるはずがないと。で、
どこにお金があるんだって考えたら銀行だった。

頭がいいんだかなんだか、わからない（笑）。

銀行に行けば、お金が集まる仕組みが勉強できる。研究にとっていいことがあるに違いない、そう思って銀行に就職しました。

何の根拠もないのですが、僕の人生設計では35歳で起業するつもりでしたから、銀行に勤めながら週末の休みの日に大学の研究室に顔を出していたんです。

「ミドリムシどうなったかなー」って（笑）。

そうしたらある日、教授に怒られました。

「きみは社会人という立場をまったくわかっていない。大学のこともわかっていない」と。

出雲君は、ミドリムシのアマチュアとしては超一流かもしれない。でも、東大以外にも日本じゅうのいろいろな大学で、毎日毎日、日曜日から土曜日までミドリムシ研究に生涯をささげている教授がいらっしゃる。そういう方たちが大勢いても、ミドリムシの培養には成功していないんだぞ。

きみがもし100年にひとりの天才だったとしても、社会人としての仕事の合間にチョロっと研究室に来てそれができると思うのかと。

ああ、真っすぐに思いをぶつけてくれるいい先生に出会えたね。

それで僕はこう悟ったんです。「教授がめっちゃ怒ってる。仕事を辞めて、24時間365日、ミドリムシのことをやれってことだ!」と。それで銀行を1年で辞めて、教授に「会社を辞めました!」と言いに行きました。

そしたら「違う!」って(笑)。

えっ、そういう意味じゃなかったんだ!

じつはまったく逆で、「銀行員として一生懸命仕事をやりなさい」という意味だったんです。「ええーっ、違うんですかー!?」って、僕もびっくりですよ(笑)。

でも、さすがに銀行を辞めちゃったので、ミドリムシで失敗するわけにはいかないし、このままじゃカッコ悪いなと思って起業を決断しました。

レアもののミドリムシが教えてくれたこと

僕は、学閥(がくばつ)を超えてミドリムシの研究を前に進めたいと思っていました。だけどなかなか難しいんです。

大学を超え、学閥を超えて、協力して研究するということは普通できないものなんです。

坂本龍馬みたいにそれぞれをつないで動かそうとしたんだね。

それまでは本当に残念な話ですが、情報を共有していないために、別々の大学で同じ失敗を繰り返していました。でも、いろんな大学の先生に、僕が銀行を辞めて研究の道へ進んだ顛末（てんまつ）をお話すると、「いやあ、じゃあしょうがないなー」と言って、教科書にも書いていない、論文にも出していない、とっておきのデータを見せてくださいました。

たぶん、あまりにもかわいそうすぎると思ったんでしょう。

出雲君という人間のおもしろさだよ。「おもしろい」「かわいい」って思ったんじゃないかな？

教授の言葉を間違って理解して銀行辞めちゃって、ほとんどの人が、「ミドリムシより、やっぱ銀行でしょ！」って言ってましたから（笑）。

でも、結果的にはいい決断だったんじゃないかと思っています。

そうした甲斐があって研究が進み、2020年にはミドリムシ由来の燃料で飛行機を飛ばす予定になっています。

最初は誰も信じていなかったんです。「ミドリムシで飛行機を飛ばします」って言うと、「ふーん」という顔をされる。取材に来るメディアの人たちもずっとそうでした。でもちょっとここに来て流れが変わってきた。

2018年の10月に、神奈川の鶴見に60億かけてミドリムシの製油所を作ったんです。

ここに見学に来ていただくと、みなさんの本音が聞けるんです。

百聞は一見にしかずだね。「やる」とは言っていたけど、じつは「こういうことだったのか」と。

「本当に飛行機が飛ぶんですね」「ここでジェット燃料が作れるんだ」「工場を見て

やっとわかりました」という方が多くなったんです。

私は農業化学一筋で、燃料については専門外です。軽油と重油の違いもよくわからない。石油とかバイオ燃料も知らないし、とにかく途上国が元気になるものとしてミドリムシに出合ったので。

これは僕のライフワークでもあるのだけれど、いろんなところに行ってミドリムシを捕まえてくるんです。一番いいのは温泉です。まあ、やってることはポケモンハンターと一緒です（笑）。

それは仕事なのかとよく疑われるんですが、立派な仕事です。

普通のミドリムシは、シュッとしていて美人さんなんですが、温泉には〝レアもの〟がいるんです。見た目が普通のミドリムシの4倍くらいあって、ぶよぶよしてる。調べてみたら、ビタミンもカルシウムもアミノ酸もなくて全部脂肪だった。でも、レアものだとは思ったんだけど、単にポッチャリなだけだなと思って、しばらく放っておいたんです。

それが2008年頃、ある企業から、「バイオ燃料の研究がしたい」ということで、ミドリムシの油をしぼったサンプルがほしいと頼まれました。そのときに思い出したのが、レアもののミドリムシ。「そうだ、ポッチャリな子がいたな」と。

それで何の気なしにしぼってみたら、質のいい油が取れたのと同時に、不要な部分、いわゆるゴミがほとんど出なかったんです。

ミドリムシは光合成する植物なのに、できる油は動物性で高品質。これはもう、ポッチャリだとかダメな子だなんて言ってる場合じゃない、スーパーミドリムシ様だぞって。つまり、

植物性と動物性の〝いいとこ取り〟がミドリムシ油だったんです。

いい油が取れるのにゴミが出ないなんて、夢のような話です。

教育でもそうだと思うんですけど、

「これはダメ」とか「できない子」って決めつけちゃダメだと思うんです。

これができないとか足りないとか言う前に、もっととんがってるところを親や先生は見ないとね。

僕はこのときすごく反省しました。ミドリムシが好きでこんなに長くやってきたのに、自分では思いつくことができなかった。違う分野の人と話すことの大切さも実感しました。

石油の出ない日本で、ミドリムシ燃料で飛行機が飛んだら、ミドリムシに対するイメージが変わると思うんです。あとちょっとです。

期待してますっ！

天才じゃなくても成功できる、それが農学

農学部の話ですけど、農学部って泥臭いところですよね。その対極にあるのが、数学と理論物理。

数学と理論物理は、あるひとつの科学的真実というのがあって、そこからすべての結論が同じように導き出される。根本の理論は絶対的なもので、ここに辿りつこうとして頑張っている。僕が農学で一番好きなのは、むしろ「答えがないこと」です。日本人が全員おいしいと思うお米なんて、作りようがない。究極的な結論がそもそもなくて、だからアプローチも方法論も「これ」というものがない。だから、天才じゃなくても成功できる学問なんですね。

あらゆるパターンを試してみるうちに、だんだん勘が働くようになって、ようやく「これかな？」とわかってくる。

研究相手は自然だから、人間がどうこうコントロールできるものではない。

世の中的には、高度経済成長から今までは答えがありました。「経済成長」という答えに向かって、みんなで追いかけていればよかった。でも、これからの時代にはそんなものはないです。

多様な社会を作っていくときに、そもそも答えなんていらない。多様な社会を作っていくときのアプローチとしては、極めて帰納法的なやり方が重要になると思っています。それはつまり、

「つべこべ言わずにまずはやってみる」ということです。

冒険の日々だね。先はどうなるかわからないけど、やってみたら意外におもしろいことが起こったっていうね。

ミドリムシに関して言うと、「ミドリムシは培養できない」って教科書に書いてあって、でもいろいろやってみたら「なんか増えた！」ということで大量培養できるようになった。今みんなからは「すごいね」とか「おもしろいことやってるね」と言われるようになりましたけど、自分ではそんなにすごいことをやっているつもりはないんです。好きなミドリムシに関して、何でもやってみるということを続けていたら、バイオ燃料にまで辿りついた……そんな感じ。だから、こんなに楽しい仕事はないなと思っているんです。

教育も、ひとつの答えを教え込んで、「なんでわからないんだ！」じゃなくて、子どもたちにいろんなことを試させてあげてほしい。

教育には、人を社会に輩出するという大きな役目があると思うんです。未来にはこれまでの延長線上にない技術と社会が待っているのですから。

人工知能には、ある部分では勝てません。だから、今ある職業が半分はなくなってしまう。今存在しない職業に就く子どもたちのために、今までと同じ教育をしていていいはずがないんです。「未来のことはわからないからしょうがない」「人工知能には勝てない」じゃなくて、答えのない未来に向かって、いろんなチャレンジをすることの大切さや楽しさを教えてほしい。そういうことを、教育には求めたいですね。

これまで誰もできなかったミドリムシの量産に成功し、世界の食料問題の切り札になるんじゃないかと、それだけでも「よくやった！」という感じですが、ついにミドリムシ由来の燃料で飛行機を飛ばすという。

そんなパイオニアの中のパイオニアが、ごく普通の一般家庭出身というところにまずは注目。で、大爆笑の「薄力粉事件」。常識にとらわれずにやってしまう資質、そんな子どもたちを受けいれるお母さんの姿に、現在の彼の片鱗を見ることができると思います。

ザリガニの話もそうだけれど、彼には凝視と集中がある。つまり没頭です。これは私も知っていて、出雲君が囲碁を覚えたてで打っているときに声をかけたことがあって、それが彼にはまったく聞こえてなかった。それくらい集中していました。

すごい集中力を持った人は、大きな事を成す可能性を秘めているし、外遊びがいいのも、答えがなくて試行錯誤するからなんですね。

時刻表の数字への集中もすごい——なんて言うと、すぐにお母さんたちは「時刻表見なさーい！」って子どもに言っちゃうんだけど（笑）。

飛行機、夢を乗せてぜひ飛ばしてください！

おわりに

みなさん、ステキな大人たちの子ども時代のお話、いかがでしたでしょうか？

農学部出身者の6人の話を聞き終えたときに私が思ったのは、「みんなそれぞれに魅力的な花を咲かせているな」ということでした。自分のやりたいことを、やりたい分野で楽しく実現しいます。

そのすべての話から学びがありました。印象的な言葉を挙げてみましょう。

宮澤弦さんは、両親から自分（子ども）のファンだと言われて育ちました。

きみにお金を使っているのは、教育投資ではなく教育消費だ。喜んで消費しているだけで、投資じゃないからその分返せとは一切思わない。い

いときも悪いときもファンだから、きみがどうなったってファンだよと、よく言われました。

岡田光信さんは、高校1年生のときに、アメリカのNASAで毛利衛さんやエンジニアたちに出会いました。

変に自分を大きく見せたり、ツッパることがカッコいいと思ったり、斜に構えるのがいいとかではなくて、正面に向かって努力することがカッコいいのだと思わせてくれました。

松山大耕さんは、お金やアートも、手に入れることより使うことのほうが大事だと言います。

アートでも何でも、博物館や美術館に入ったら終わりやと思っているんです。それ以上価値が生まれない。大事なものであればあるほど、使わ

ないといけないと思っています。

高橋祥子さんは、お父さんから言われた「他人を気にせず、自分の世界を深く持て」という言葉を大切にしています。

他人を気にしないでいるだけではダメで、自分が興味関心のある世界を深く持つのがカッコいい大人だ、みたいな。父は自分の仕事に誇りを持っている人なので、純粋にカッコいいなあと思います。

辻庸介さんは、親に反対されることこそ、自分の選ぶ道だと気づきました。

今いいと思われていることって、20年後、30年後にはほとんどよくないということが多い。今、親に反対されることのほうが将来的にははいいんじゃないかと気づきました。

出雲充さんは、教育にチャレンジを盛り込んでほしいと言います。

ひとつの答えを教え込んで、「なんでわからないんだ！」ではなくて、いろんなことを試させてほしい。「未来はわからないからしょうがない」「人工知能には勝てない」じゃなくて、答えのない未来に向かっていろんなチャレンジをすることの大切さや楽しさを、子どもたちに教えてほしい。

彼らは、生まれも育ちもまったく異なります。音楽家の家に生まれた人から、医者、お寺、普通のサラリーマンまでさまざまです。

共通しているのは、自分が没頭できるもの、信じるものを持っていることです。

「自分はこれにこだわっていて、幸せに生きています」

そう言えるし、しかもそれを人に強制しません。

彼らのプロフィールを見ていただくとわかるように、大学は東大・京大です。でも、ただ偏差値が高いという人たちではありません。いや、むしろまったくできない科目があったり、苦手なこともあったりします。

でも、武器になるくらいの興味関心を大事にしている。自分が生きていく喜びのために学んできた。だから人間としての魅力があるし、勉強もできる。これがテストのための勉強だけをしている人との大きな違いです。

☆

今回、彼ら全員に「農学部の魅力は？」と訊いてみました。そこで出てきた答えはさまざまですが、私はこう感じました。

「自然」という人間の手には負えないものを相手にしているから、おのずと謙虚にならざるを得ない。人間の力ではどうにもならないような大きな仕組みの中で、私たちは「生かされていること」を学べるのだと。

これが「農学部イズム」であり、彼らが圧倒的な結果を出しながらも、驕（おご）らず謙虚で、おおらかでいられる秘訣なのだと思っています。

お子さんをお持ちの親御さんは、大事なのは点数じゃない、偏差値じゃない、学歴じゃない、とわかってはいる。でも、「こうしたら点数が取れる！」と言われたら心が動く。それはよくわかります。最短距離ですからね。

しかし、大切なことは、社会に出たら点数や偏差値は関係ないということです。人を魅了した者の勝ちなのです。

宮澤弦さんの言葉がそれを象徴しています。

「これからの大人で大事なのは、話がおもしろい人であり、思いやりがある人だと思うんです。つまり、この両方が揃うと〝また会いたい人〟になるんです」

おもしろくて思いやりのある〝また会いたい人〟。これが他人を魅了する人です。魅了することの中には、論理的に物事を語れる知性という、学校で習うような要件も入っていますが、それは受験の王者になったからといって身につくものではありません。

自分の言葉を持つこと。見えないものを見て、それを自分の言葉で人に語れること。それができる人に、私たちはまた会いたくなるのです。

☆

最後に勉強に関することをひとつ。

教育の世界では長い間、問題を解けば算数や理科はできるようになるけれど、国語は伸びないと言われてきました。ですが、そんなことはありません。生まれもって算数しかできない脳みそがないのと同じように、生まれもって国語ができない脳みそだってないのです。

好きなもの、得意なものばかりやりたがるのは人の常。そう考えると、興味関心が持てればできるようになる。おもしろさを知れば勉強もできるようになるんです。それは能力差だけで計れることではありません。

自分がどうしても好きなこと、やりたくてたまらないこと——スタートはすべてここです。

AIが来ようが何が来ようが、自分の興味関心を貫いて「また会いたい人」になりましょう。農学部はその手助けをしてくれるかもしれません。

2020年新春　高濱正伸

高濱正伸●たかはま・まさのぶ　株式会社こうゆう　花まる学習会代表

1959年熊本県人吉市生まれ。熊本県立高校卒業後、東京大学入学。東大農学部卒、同大学院農学系研究科修士課程修了。1993年、「この国は自立できない大人を量産している」という問題意識から、「メシが食える大人に育てる」という理念のもと、「作文」「読書」「思考力」「野外体験」を主軸に据えた学習塾「花まる学習会」を設立。1995年には、小学4年生から中学3年生を対象とした進学塾「スクールFC」を設立、各地で教室を展開している。また、保護者を対象とした講演会なども精力的に行なっており、学習だけではなく、親子や家族のあり方についてのアドバイスなどが好評を博している。

算数オリンピック作問委員。2018年7月より日本棋院理事を務める。

著書に「小3までに育てたい算数脳」（小社刊）ほか多数。

花まる学習会　http://www.hanamarugroup.jp/hanamaru/

【刊行の想い】

「個性」がもてはやされる時代から、いまや「多様性」が重要視される時代になりました。そんななか、ともすると私たちは変化ばかりを求められがちです。

しかし、変わっていくものと変わらないもの、「変容と普遍」を自分のなかにバランスよく、ブレることなく持つ人こそが、未来を力強く生きていけるのではないか。そして、その原点は子ども時代にこそあるのだ——そんなことを感じていただければ幸いです。

エッセンシャル出版社

子ども時代探検家
高濱正伸の
ステキな大人の秘密

2020年3月20日　初版発行

発行者　小林真弓
発行所　株式会社エッセンシャル出版社
〒103-0001　東京都中央区小伝馬町7-10
ウインド小伝馬町Ⅱビル6F
Tel：03-3527-3735　Fax：03-3527-3736
URL https://www.essential-p.com/
印刷・製本　株式会社アクセス

ISBN978-4-909972-07-1